20歳の自分に伝えたい
知的生活のすゝめ

齋藤 孝

SB新書
578

はじめに

狩猟のように知的刺激を求める生き方

私には、大学に入学したばかりの一年生に向かって、最初の授業でよくする話がありま
す。

みなさんの前には二つの分かれ道があります。
一つは知性のある道、
もう一つは知性とは無縁の道。
どちらを行きますか?

本書を手に取ってくださった方は、きっと「知性のある道」を歩みたいと考えている方だと思います。それでは「知的生活」と聞いて、みなさんはどのような暮らしぶりを想像するでしょうか。

◎作家が、執筆に集中している生活
◎大学教授が、研究に没頭している生活
◎芸術家が、創作に熱中している生活

本書で私が伝える「知的生活」とは、そうした一部の専門的な職業の人だけができるものではありません。すべての方が実践できるものです。

そして本書では、すべての読者のみなさんに「知的生活」、つまり知性を重視する生き方が素晴らしいものであることを実感してもらいたいと考えています。

ここでの知性とは、単に知識がたくさんあること、博識であることを意味しません。知識と知性は大いに関係のあるものではありますが、必ずしもイコールの関係ではないのです。

私が「知的生活」を誰にでもおすすめするのも、**知性が「よく生きる」ための能力そのものだからです。**

私が卒業した東京大学は、総じて知識が豊富な人たちが集まっている大学ですので、驚くほどの勉強家もいました。ただ、図書館で試験勉強をしたり、本を読み耽(ふけ)っている人の中には、傍目(はため)にも淀(よど)んだ空気を醸(かも)し出していたり、実際に話をしてみても表情が暗かったりする人が少なくありませんでした。

膨大な本を読み込むことで高度な知識を得ていたとしても、そのような姿は、私の考える「知的」なイメージには合致しません。

私が思う「知的生活」とは、もっと活(い)き活きとした、本を読めば読むほどに活力を得られるような生活です。あるいは読書に限らずあらゆるインプットを、広大な森林を駆けめぐっては、獲物を捕まえるように行う、狩猟生活者のような生き方です。

好きな映画監督の新作が公開されたと聞いて、県外の遠い映画館でしかやっていないなら、1日かけて観に行ってしまう。自分の刺激になりそうな情報に向けて常にアンテナを張りめぐらし、次はどんな本を読もうか、どんな作品に出会おうかと目を光らせている——そうした**自分にとって新しい刺激になりそうなものを、なんでも貪欲(どんよく)に取り入れてみ**

ようとする能動的な生のあり方こそが、本当の意味で知的な生活だと思うのです。

自分の心が動かされることなく、他人から与えられたものだけを取り込んでいくという受け身なインプットの仕方では、本人もつまらないでしょうし、傍(はた)からも本当に知的なインプットをしているようには見えません。

ニーチェは主著の一つ『ツァラトゥストラ』で、主人公ツァラトゥストラに語らせる形を取りながら、こう言っています。

「さあ、上機嫌でやろう」〈略〉

――戦いと祝祭を喜ぶ者でなければならない。陰鬱な者、夢におぼれる者であってはならない。祝祭を待つように至難の事を待ち、全き健康をもっている者でなければならない。

（手塚富雄訳／２０１８／『ツァラトゥストラ』／中公文庫）

知性とは、それを備えることで、よりクリエイティブになり、上機嫌な精神をもたらしてくれるもの――そういう確信が昔から私にはあります。

知的生活によって創造的で情熱的な人生に

インプットに対する姿勢だけではありません。インプットばかりしてアウトプットをしない人、つまり知識を蓄えるばかりで、それを創作の資源に使おうとしない人も、私は知的とはいえないと思います。

特に現代は、昔に比べてどんなジャンルの創作でも、ずっと容易にできる時代です。

インターネットなどない時代の文学青年たちは、詩や小説、批評などを世間に発表するためには、雑誌に掲載されるか、自ら同人誌などを発行しなければいけませんでした。

自主映画を制作する場合も、8ミリフィルムのカメラを揃（そろ）えて撮影しては、撮り終わったフィルムを現像に出し、編集機材を使って物理的に切り貼りしなければいけませんでした。さらに作品をたくさんの人に観てもらいたいのであれば、コンテストで予選を勝ち抜くなり、会場を借りて自主上映会をするなりする必要がありました。

それが今は、文章でも、動画でも、音楽でも、ブログやSNS、動画サイトなどを通じて全世界に向けて発表できますし、映画や音楽の制作工程も、スマホやパソコンがあれば大半の作業が独力で完結してしまいます。

そうした環境に身を置けば、知的な人ほど自分でも何かを世の中に向けて発信したいと思うのではないでしょうか。**クリエイティブなものを自分の中にインプットするだけで満足せず、アウトプットを前提にインプットする、そして実際にアウトプットに次ぐアウトプットをするのが、現代的な知的生活であろうと思います。**

実際に、私がこれまで出会った知的な人たち、特に思い出深い、心からやってよかったと思えるような仕事を一緒にできた人たちは、例外なくそうしたアウトプットの快楽に身も心も溺れているような人たちでした。

一つの企画に対して、10も20もアイデアを出したり、一つの質問に対して、何時間も具体的なエピソードを交えながらコメントしたり……。そんなクリエイティブな何かを生み出す快楽で、自分の人生をどんどん楽しくしてしまうのが知的生活者の特権です。

ここでいうアウトプットは、「作品」と呼べるほどのものでなくても構いません。「語りのアウトプット」でもいいのです。

世の中には、ものすごくたくさんの本を読んでいるはずなのに、話が全然面白くないという人もいます。これではせっかくのインプットが、もったいないように感じます。

たとえ作品という形で生み出さなくても、日常的なインプットを活かして、友人や知人とのおしゃべりで、面白がってもらえる興味深い話ができるなら、それだけで人生は急速に輝いていくはずです。

２０２０年の新型コロナウイルス感染拡大以降、「新しい生活様式」という言葉が盛んに言われるようになりました。実際に教育の現場でも、休校やリモート授業など対応に追われ、勉学へのモチベーションを保てない学生の姿も多く見ました。そんな中でも、憂鬱な日常を送るのではなく、知的生活を楽しんでもらいたいと、私の学生時代や若かりしころも振り返りながら本書を綴っています。

かねて私は、「ミッション・パッション・ハイテンション」、つまり使命感（ミッション）を感じ、情熱（パッション）を持って、上機嫌（ハイテンション）で生きることが、楽しい人生を送る秘訣であると提唱してきました。

「知的生活」という言葉から「情熱」がイメージされることは、これまではあまりなかったかもしれませんが、**知性とワクワク感は本来切っても切れない関係にあります。**

未知のものに素直に驚き、面白いものには心の底から大笑いする。素晴らしいことをやってみせた人を無条件に讃え、自分のアウトプットもまた讃えられる。

そうした活気のある知的生活を目指していきましょう。

20歳の自分に伝えたい 知的生活のすゝめ◆目次

はじめに

序章 本当の「知性」とは何か

第一章

生まれ持った「遺伝子」より、身につけた「教養」を重んじる

第二章

「向上心」があれば、逆境も力に変えられる

第三章
何にも侵されない「精神の王国」をつくる

第四章
人との縁によって、「人格」が磨かれる

第五章
インプットを血肉化し、アウトプットを使命にする

おわりに

序章

本当の「知性」とは何か

ニュートンはなぜ、落ちる林檎に「驚く」ことができたのか

そもそも「知性」とはなんでしょうか。それがあると、何が良いのでしょうか。

知性を持つことの最大の恩恵の一つは、これを持つことで、日々の生活の様々な局面で「驚く」経験ができるということです。古代ギリシャの哲学者ソクラテスは、ギリシャ語で「驚き」「驚異」「驚愕（きょうがく）」を意味する「タウマゼイン」、つまり自分の想像を超えたものを目の当たりにしたときに喚起される精神的高揚感こそが、すべての知的探求の始まりであり、哲学の始まりでもある、と考えていました。

ソクラテスの弟子プラトンは、ソクラテスが他の人との対話で自身の哲学を論じる様子を、数多く書き残しています。その一つで、「知識について」という副題が付された『テアイテトス』（田中美知太郎訳／岩波文庫）という著作には、ソクラテスによる〈なぜなら、実にその驚異（タウマゼイン）の情（こころ）こそ知恵を愛し求める者の情なのだからね。つまり、求知（哲学）の始まりはこれよりほかにはないのだ〉という言葉が記されています。

ソクラテスの説く「タウマゼイン」は、馴染（なじ）みのある言葉では「好奇心」にも置き換えられるでしょう。私たちが何か未知のものに接して「エーッ！」と驚くとき、そこには好奇

心が働いています。

それが活発であればあるほど、まるで電池から伸びた導線を電球につなぐとパッと光を放つように、既知のものと未知のものとの間に関連を見つけ出し、さらに大きな驚きをもたらしてくれます。

「ニュートンの林檎（りんご）」の伝説的なエピソードは、そうした知性の「あるものと他のものをつなげる」働きを伝える最も有名な例でしょう。

ニュートンが万有引力の法則を発見した17世紀にも、握っているペンから手を離せば、ペンが下に落ちることを知らない人はいませんでした。ところがニュートンは、林檎の木から実が落ちるというなんでもない光景を目にしたことで、「林檎は地面に落ちるのに、月はなぜ落ちないのか」という根源的な疑問を抱くことができました。

そして、林檎にも月にも等しく地球の引力が働いている一方、月の場合は同時に遠心力も働いていることで、地球の周りを回転し続けていると見抜いたのです。「モノが地面に落ちる」という、過去にほぼすべての人類が見てきたはずの光景を、ニュートンは知性の力によって、「天体の運動」という壮大なスケールのものとつなげてしまいました。

そうした**既知の知識が未知の知識とつながった瞬間、自分の好奇心が満たされることで、**

他の何物にも代えがたい幸福感に浸ることができます。

その幸福感から出発して、自分自身の好奇心をより大きく育てあげ、さらに新しい知識との出会いを果たせる人が、本当に知性のある人でしょう。

ですから知識は、知性とは似て非なるものであるとはいえ、知性の「もと」になるものです。既知の知識が増えていくと、ちょうど脳のシナプスが増えていくように、知識はいもづる式に他の知識とのつながりを増やしていきます。

「純粋な子ども」よりも「知的な大人」のほうが好奇心は強い

よく「子どもは好奇心の塊である」と言われますが、私は必ずしもそうは思いません。実際、私は大学生だけでなく、小さな子ども相手に授業をすることもありますが、その反応はいたって平凡なものであることも多いです。子どもはまだ世間に毒されていない無垢な存在だからこそ、常識にとらわれず、斬新な発想を生み出せるというのは、期待感や過去の美化からくる幻想だと感じることがあります。

私に言わせれば、**様々な物事に好奇心を抱き、新たな発想を考えつくのは、むしろ多くの知識を蓄えた大人のほうです。**「子ども時代の好奇心を失う」といった言い方もされますが、私は違和感を覚えます。

子どもの場合、何かの遊びに夢中になる度合いは、たしかに大人を上回るかもしれませんし、上達のスピードも大人より速いかもしれません。大人より子どものほうが強い好奇心を向ける対象があることも否定しません。

しかし、仮にけん玉でも、あやとりでも、あるいはヨーヨーでも、大人が本気でこれらを趣味なり仕事なりにしたときには、そこに凝らされる創意工夫は、子どもの比ではないでしょう。もし会社の昇進試験で、「ヨーヨーの新しい技を考案しなさい」という課題が出されたならば、その会社の社員たちは必死でヨーヨーを練習し、その中から斬新な技だっていくつも生み出されると思います。

「無垢」ならアイデアが湧くわけではありません。子ども時代の私は、「無垢」な状態で将棋を何百回も指しましたが、ロクな手を思いつきませんでした。知識がなければ、創造性も出てこないのです。

美術鑑賞も知識があってこそ感動できる

このことからも、人間の知性を駆動させる「驚き」や「好奇心」といったエネルギーは、実はすでに一定の知識を備えている人ほど強く持っていることがわかります。

ニュートンが林檎が落ちるのを見て万有引力の法則を発見した例にしても、ニュートンにそれができたのは、彼が物理の知識をあらかじめ豊富に備えていたからです。

同じことは、私たちが芸術作品に触れた際に受ける感動についても言えます。

19世紀のフランスの画家クロード・モネが描いた『印象・日の出』という絵があります。西洋美術の歴史を知っている方なら、この作品が「印象派」という芸術運動の由来であることをご存じでしょう。

そうした作品背景を知り、モネ以降の印象派画家たちが自然を表現するためにいかに苦心してきたかを知っていれば、実際に『印象・日の出』を観たときには、まっさらな状態で鑑賞するのとは別の感動があります。まるでカンバスの背面に光源でもあるかのように、絵全体が柔らかく輝いている光の表現。そこに込められた工夫が伝わってきて、よりいっそう美しく感じられるはずです。私は実物を観て、そうした美的体験をしました。

あるいは、16世紀フランドル（現在のオランダ）の画家ピーテル・ブリューゲルが描いた『バベルの塔』にしても、この絵についてなんの予備知識も持たない人が鑑賞したら、絵から受ける印象は、「描き込みがすごく細かいなあ」という程度かもしれません。

しかし、この絵の題材である巨大な塔が、『旧約聖書』「創世記」に登場する、人間が神に近づくことを目指して建造された塔であること。その人間の思い上がりに怒った神が、これを破壊してしまったこと。神が罰として、それまで同一だった人間界の言語を乱したために、世界の人々がお互いにわかりあえなくなってしまったこと……といった聖書の記述を知っていれば、ブリューゲルが表現したかったものをずっと多く感じ取れます。

なお、ブリューゲルの『バベルの塔』は、2017年に東京・上野にある東京都美術館で展示されたのですが、その際にはブリューゲルの愛好家としても知られる漫画家の大友克洋さんにより、ブリューゲルの原画を新解釈した『INSIDE BABEL（インサイド・バベル）』という絵画作品も発表されました。これは、ブリューゲルの原画では外観しか描かれていないバベルの塔の内側（断面）を、大友さんが想像力に基づいて描いてしまうという試みでした。

私は代表作『AKIRA』以前からの大の大友ファンであり、初期作『童夢』で大友さんが行ったいくつもの斬新な表現――登場人物が発した念力の衝撃波によって壁が凹む、といった超能力の描写――を見ては、「どうしてこんな表現を思いつけるのだろう」と圧倒されていました。

『INSIDE BABEL』も、バベルの塔の断面を描こうという発想からしてすごいですが、大友さんがデビュー以来、漫画の新しい表現を切り開いてきた作家であることを知っていれば、大友克洋とブリューゲルの時代を超えた共作に、新鮮な感動を持つことができるはずです。

知識があることは、新鮮な感動にとって、障害であるどころか条件なのです。

M－1グランプリで繰り広げられている知的競争

私はお笑い番組が大好きで、地上波の番組だけでは飽きたらず、YouTubeに開設されている芸人さんのチャンネルまでチェックしているほどです。お笑いという分野は、才能ある芸人たちによって、絶えず画期的な笑いの表現が生み出され、新しい表現が半年後にはもう古くなっているという、たいへんに知的な競争の場です。

私も漫才コンビ「ミルクボーイ」の漫才を初めて観たときには、「これはすごい人たちが出てきてしまったぞ」と衝撃を受けました。

お笑いファンであれば先刻ご承知とは思いますが、ミルクボーイの漫才は必ずある一定のパターンに基づいて進められます。ボケである駒場孝（こまばたかし）さんのお母さん（オカン）が、ある「モノ」の名前を忘れてしまったという設定のもと、ツッコミである内海崇さんがそのモノの名前を当てようとして会話が展開される、というパターンです。

本書の読者にはお笑いに詳しくない方もいると思いますので、彼らが漫才コンビ日本一を決める「M－1グランプリ2019」で優勝したときのネタ「コーンフレーク」を、以下に一部だけ再現してみることにしましょう。

駒場「いきなりですけどね。うちのオカンがね、好きな朝ごはんがあるらしいんやけど」

内海「あ、そうなんや」

駒場「その名前をちょっと忘れたらしくてね」

内海「朝ごはんの名前忘れてもうて。どうなってんねん、それ」

駒場「で、まあ色々聞くんやけどな。全然わからへんねんな」

内海「わからへんの？　いや、ほな俺がね、オカンの好きな朝ごはん、ちょっと一緒に考えてあげるから。どんな特徴言うてたかってのを教えてみてよ」

駒場「あのー甘くてカリカリしてて。で、牛乳とかかけて食べるやつやって言うねんな」
内海「おー。コーンフレークやないかい。その特徴はもう完全にコーンフレークやがな」
駒場「コーンフレークなぁ?」
内海「すぐわかったやん。こんなんもー」
駒場「でもこれちょっとわからへんのやな」
内海「何がわからへんのよー?」
駒場「いや、俺もコーンフレークと思うてんけどな」
内海「いや、そうやろ?」
駒場「オカンが言うには、死ぬ前の最後のごはんもそれでいいって言うねんな」
内海「あー、ほなコーンフレークと違うかぁ。人生の最後がコーンフレークでええわけないもんね」

このように、その「モノ」について毒を含みつつも、視聴者が共感を禁じえない批評的ツッコミが繰り出されることで生まれる笑いこそが、ミルクボーイの漫才の特長です。

そのおかしさはこの二人でなければ容易に出せないものではありますが、彼らがすごいのは、右の「コーンフレーク」を他の何かに置き換えるだけで、ネタのバリエーションを無限につくり出せることです。この年、2019年のM－1は総じてレベルが高く、他にもたくさんの面白いコンビが出ていましたが、私は特にミルクボーイのこのスタイルは、お笑いの歴史を変えたとさえ感じました。

私は明治大学で、将来は中学・高校の先生になることを目指している学生を対象に、教育方法や授業デザインに関する実践的な方法論を教えています。そこでは学生たちへの課題として、中高の教科の知識をコント形式で説明させることがあります。

あるときその一環として、学生たちに世界史や日本史の重要項目を「ミルクボーイの漫才形式で披露（ひろう）してくれ」という課題を出しました。すると案の定、学生たちはミルクボーイの芸を瞬く間に踏襲（とうしゅう）してくれました。たとえば、こんな具合です。

「オカンが好きな戦国武将の名前忘れたらしくてね」
「そうなんや。その武将、どんな特徴の人か教えてみてよ」
「最期は家来に寝込みを襲われて殺されたらしいねん」

「それは織田信長やろ」

「いや、俺も信長や思たんやけどな。でも、オカンが言うには、家臣の奥さんが夫の浮気に悩んでいたら、『あなたはあんな禿鼠にはもったいない女性なんだから、気にしないように』と慰める手紙送ってきたらしいねん」

「じゃあ、信長と違うか〜。そんな女性に優しい、細やか〜な気遣いできる武将が、家来に裏切られるわけないもんなあ〜」


このようにミルクボーイのスタイルを借りると、この世の中のどんな知識でも漫才の形式で語ることが可能になり、素人の大学生がやってもそれなりに面白いものとして聞けるようになってしまうのです。だから私は、ミルクボーイのお二人は、お笑いの既存のジャンルをはみ出して、新しいお笑いの「型」をつくり出されたのだと思っています。

お笑いの「型」の発明に気づくのは、センスではなく知識から

同じように授業で、「『徒然草』の全243段（「段」は個々のエピソードです）から好きな段を選んで、その段を下敷きにしたショートコントをつくってみて」という課題を出した

こともあります。

そのときには何人かの学生が、「オチをつくれない」と悩んでいました。たしかにオチをつけるだけでも難しいですし、そのオチで笑わせるのはさらに難しいことです。そこで、ある程度のストーリーさえつくれればよいことにし、私は一つの提案をしました。

オチが思いつかない人は、コントの終わりに、「ジャンガジャンガ」をやればいいというルールを加えたのです。

「ジャンガジャンガ」というのは、お笑いコンビ「アンガールズ」が、自分たちのコントの終わりに、オチの代わりに両腕を交差させながら、「はい、ジャンガジャンガ・ジャンガジャンガ・ジャンガジャンガ・ジャンガ・ジャ～ン♪」と言ってポーズを決め、コントを終わらせるという、彼らの定番の持ちネタです。

普通のコントならオチがないと微妙な空気になってしまいますが、彼らの場合はこれを一つのお約束としてやることで、変な空気さえ笑いに変えてしまいます。「ジャンガジャンガ」には、このように魔法のような効果があり、これもまたお笑いにおける一種の発明です。

実際に私の授業でも、オチがなくても必ず救われるこの「ジャンガジャンガ」があったおかげで、学生たちみんなが勇気を持ってコントを発表できました。「ジャンガジャンガ」が大学の授業の課題発表で、学生たちに勇気を持たせるためのツールとして使えることに、提案した私自身が驚きました。

とはいえ、アンガールズの「ジャンガジャンガ」にしても、ミルクボーイの漫才の「パターン」にしても、これが画期的な発明であると気がつくには、「これはお笑いの歴史において他に誰もやっていないことだ」と観る側が知らないといけません。つまり、これまでのお笑いの歴史に関する知識を、漠然とでも持っている必要があります。

その意味では、お笑いを楽しむにも知識は必要なのです。

お笑いというのは、感覚やセンスでしか理解できないジャンルの典型のように考えられていますが、本当に優れた芸を理解しながら笑うには、知識があるに越したことはありません。

センス（感覚）と呼ばれるものも、知識と無縁ではないのです。普通は知識と感覚、経験とセンスは対立的にとらえられ、感覚を重視する人は、「純粋な感覚」「まっさらな気持ち」で、「先入観なしに」物事を見ることの重要性を説きます。

しかし、そんな鋭い感覚を支えているのが実は深い知識であることは、現実にはいくらでもあります。知識や経験を充実させることで、感覚も磨かれていくものなのです。

「笑い」も「知性」と同居している

私はこのように、大学の授業でよく学生たちにショートコントをつくってもらいます。これは、教え子たちが将来教壇に立ったときに、その生徒たちが楽しみながら学べる授業をやってほしいと願っているからです。それと同時に、教え子たち自身にも笑いながら授業を受けてほしいからでもあります。

これは私自身がニーチェからの影響で、知性と笑いが一体化した境地を目指していて、**知性と「哄笑（こうしょう）する」ことは、同居できる**と信じているからです。

学問の世界に身を置いていると、非常にストイックに研究に打ち込むあまり、研究に身も心も捧げて笑うことを忘れてしまったような人や、もともとは明るい性格だったのに、学究生活の果てにどこか陰気な性格になってしまった人とも出会います。

ニーチェの説いた「上機嫌」な精神を実現したいと思っている私から見ると、せっかく勉強したのに、その結果として性格が暗くなってしまったり、不機嫌な精神が形づくられたりしてしまうのでは、学問をする甲斐（かい）がないし、本末転倒という気がします。

むしろ知性を磨いた結果として暗かった性格が明るくなっていき、前は笑うこともなかった人が哄笑、爆笑できるようになったというほうが、学問をする人の姿として自然に思えるのです。

せっかく勉強しても、そのせいで爆笑する心を失ってしまうなんて、あまりにもったいないことです。いつも軽やかに笑える心を、勉強すればするほど身につけられるようにしたいものです。

分厚い文学作品も「爆笑文学」として読める

文学だって「えーっ」と驚いたり、笑ったりできるものだと思っています。長大な世界の名作文学にも、そうした作品がたくさんあります。

たとえば、ノーベル文学賞を受賞したガブリエル・ガルシア゠マルケスというコロンビアの作家がいますが、彼の代表作『百年の孤独』は約500ページもある分厚い小説で、タイトルは知っていても、実際に読もうとすると尻込みしてしまった人も多い作品でしょう。

しかし、この小説も、食わず嫌いせずに読んでみると、笑ってしまうようなユーモラスさが随所にあります。『百年の孤独』は、次のような書き出しから始まります。

長い歳月が流れて銃殺隊の前に立つはめになったとき、恐らくアウレリャノ・ブエンディア大佐は、父親のお供をして初めて氷というものを見た、あの遠い日の午後を思いだしたにちがいない。
（鼓直訳／２００６／『百年の孤独』／新潮社）

『百年の孤独』は、ホセ・アルカディオ・ブエンディアという男と、その妻であるウルスラ・イグアランを始祖とするブエンディア一族が、コロンビアに「マコンド」という架空の町を築き上げ、隆盛を誇りながらも滅亡するまでの１００年間を描いたものです。アウレリャノ・ブエンディア大佐は、このホセ・アルカディオとウルスラの間に生まれた次男で、本作はこのアウレリャノが父ホセ・アルカディオと一緒に、ロマの一座が運んできた氷を見に行った幼少時代の追憶（ついおく）から始まります。

この氷のシークエンスが、非常にユーモラスなんです。今まで氷というものを知らなかった父子。父は氷を見るなり、「こいつは世界最大のダイヤモンドだ！」とびっくり仰天（ぎょうてん）します。息子は触ってみて、「煮えくり返ってるよ、これ！」とまるで焼けた鉄でも触ったかのような感想を述べます（私も初めてドライアイスを見た子どものころ、兄に「握ってみろ」と言われて本当に握ってしまい、思わず「アチッ！」と叫んだ記憶があります）。父は氷にすっかり夢中になってしまい、氷塊に向かって、「こいつは近来にない大発明だ」と〈聖書を前に証言するように〉賛美さえするのです。

氷を評して「世界最大のダイヤモンド」「煮えくり返っている」「近来にない大発明」など、大げさな表現を連発する父と子の反応を読んでいるだけで、どうにも笑いが込み上げてきてしまいますね。

そうした表現以外にも、かなりくだらない下ネタもたくさん出てきますし、実は**ノーベル文学賞の作品だって、笑いどころが満載なのです。**

あるいはイギリス文学の傑作として知られる『嵐が丘』だって、爆笑文学として読むことができます。

本作の主人公・ヒースクリフは孤児だったところを、荒涼（こうりょう）たる風景が広がる英国の片田舎に「嵐が丘」と呼ばれる邸宅を構えるアーンショーに拾われ、彼の息子ヒンドリーにいじめられながらも、その妹のキャサリンと恋に落ちます。しかし、不幸な行き違いからキャサリンは他の男の求愛を受け入れてしまい、ヒースクリフはショックを受けて失踪（しっそう）。

数年後、大金持ちとなったヒースクリフは、復讐のために嵐が丘に舞い戻ってくる……というあらすじです。

しかし、実際に読んでみると、このヒースクリフの復讐はどう考えても「やりすぎ」であって、ちょっと斜めの視点で読み進めると笑いが込み上げてきます。

だいたい他の登場人物たちに対する憎しみの度合いが、自分の受けた仕打ちに対して強すぎますし、復讐のために彼が選んだ方法も、「用意周到」「冷徹」といった表現をはるかに超えています。さらに物語の中盤、キャサリン本人を死に追い込んだところで復讐なんかやめればよいものを、その後もヒンドリーの息子やキャサリンの娘まで標的にし、復讐の情熱は止まらず……となると、ヒースクリフの執念深さに共感するどころか、呆れるようになって、「ヒースクリフ、しつこいしつこい！」とツッコミを入れたくもなります。

作中で展開されるヒースクリフとキャサリンの口喧嘩も、ほとんどプロレスのような激しさで、「あんたら、いーかげんにしろ！」と言いたくなるところが、この作品にはあるのです。

こうした「ツッコミ読み」にも適しているという点では、ドストエフスキーの小説も好例かもしれません。『カラマーゾフの兄弟』にしても、『悪霊』にしても、ドストエフスキーの小説の登場人物たちはみな、密度の濃いセリフを、一人で何ページ分にもわたる途轍（とてつ）もない長さで、怒濤（どとう）のようにしゃべり倒します。その過剰感、超現実性は、読み方によってはものすごく笑えるものでもあります。

そもそも世界的に名声を博し、古典の地位にまで上り詰めた名作文学は、そうなるだけの「過剰さ」が作品のどこかに必ず存在します。ですから、あくまで真面目に読むこともできる一方で、ちょっとだけ視点をずらして斜めの角度から読んでみると、笑ってしまうようなポイントも満載なのです。

最近は日本で、世界文学があまり読まれなくなっているようです。私はこれが、あまりに惜しいことだと思っています。

最初は「笑えるもの」としてでもいいので、とにかく若い人には世界文学を読んでみてほしいと思っています。

究極の知性には「身体性」がある

ここまでに述べてきた「驚き」や「哄笑」と並んで、私が考える知性において欠かせない要素が「身体性」です。

おそらく多くの人が、「知性」という言葉を聞いて連想するのは、難解な文章や、話す言葉の高尚さ、といったものでしょう。

これらの知性が言葉を前提とした「言葉の知性」であるなら、**「身体の知性」とは、言葉にしづらい「暗黙知」です。**なんとなく感じているとか、身体としてわかっている世界、それも実は、知の世界の基盤になっているのです。

経営学者の野中郁次郎さんと竹内弘高さんが書かれた『知識創造企業』（東洋経済新報社）という本があります。この本では、過去の日本企業の経営について分析しているのですが、その中でも「暗黙知」というものが継承されていたことが、その強さの理由として挙げられています。日本という国は、この暗黙知を基盤とした文化が豊かにある国なのです。

言葉によらないのが暗黙知ですから、普通に考えれば世代を超えての継承は難しいはずです。しかし、日本人はそれを「技」や「型」として封じ込めることによって継承し、水準を維持してきました。

たとえば相撲（すもう）で、「四股（しこ）を踏む」という「型」がありますね。四股を踏むというのは、相撲におけるあらゆる動作の基本であり、過去の名力士たちの身体感覚を凝縮したものです。そのため、現代の力士たちも数え切れないほどの四股を踏んでいるうちに、土俵際（どひょうぎわ）で踏みとどまるための「足腰の粘り」や、相手を寄りきるための「腰を割る」という技術が、知らず知らずのうちに体感として理解できるようになっています。

空手や柔道、剣道といった武道にも、相撲における四股に相当する「型」があります。その「型」を身につけることで、その武道における最も重要な動きが合理的に体得できるようになっています。ただ決まり事だからと練習する人が多いかもしれませんが、実は**「型」というのは、継承され続けてきた暗黙知の結晶**なんですね。

このように「型」というのは、古人の身体の知恵をいわば冷凍保存したようなもので、現代人でも「型」を練習していくことによって、古人の知恵が詰まった身体感覚が徐々に解凍され、自分の身体の中に吸収していくことができます。

「型」は芸術や芸事にもあります。たとえば書道には、この字のこの部位を書くときは「はね」、別の部位を書くときは「とめ」、あるいは「はらい」と、字を書く際のルールが決まっていますよね。これは、この「型」をすべて押さえることで、必然的に美しい字形になることが、歴史的・経験的に理解され、継承されてきたからです。

それこそ中国・唐の時代の書家である顔真卿（がんしんけい）や、書家としても知られる空海など、何百年、何千年も昔からの書の達人たちの試行錯誤が、「型」として落とし込まれ、結晶化しているのです。それは、そうした達人の書の中に、知性が表れているとみんなが感じていた証拠でもあります。書というのは、単に文字が書かれているだけではなく、その人の人間性が出ているものと考え、その人の知性のきらめきを書に見ていたわけです。

「所作」というものにも、知性が込められています。たとえば、お茶の席で粗暴なふるまいをする人はいませんよね。なぜなら、丁寧にふるまうという身体的な「所作」というものが、茶の湯の世界では知性の表れとして考えられてきたからです。所作によってできる空間の素晴らしさは、日本人が愛してきたところでもあるのです。

こうした身体知は、書物としても残されています。室町時代初期の能楽師である世阿弥が書いた『風姿花伝』、江戸時代初期の剣豪である宮本武蔵が兵法の極意を記した『五輪書』といった書物は、彼らが一生をかけて獲得した身体知を、身体の具体的な動かし方を説明することで、子孫や後世の武芸者のために伝授・継承しようとしたものです。

この2冊を読むと、世阿弥や武蔵が技術の習得を通じて、自らの知性を磨いていった過程を追体験できるような感覚があります。読んでみれば、日本人にとっての知性が、彼らが生きていた中世・近世、あるいはそれ以前から、ずっと身体性と不可分であったということが、とてもよく理解できると思います。

芸事や武道は、一見しただけでは知性とすぐに結びつかないものかもしれません。しかし、世阿弥や宮本武蔵の中では、完全に一体化しているのです。

「身体化された知性」は現代のアスリートにも表れている

彼らの「身体化された知性」の素晴らしい点の一つは、非常に高度な内容でありながら、俗世間と隔絶しているわけではなく、密接なつながりを持って今にも通じることです。

たとえば世阿弥の『風姿花伝』は、「ジャパネットたかた」の創業者・髙田明さんも愛読書として挙げられていますが、それもよくわかります。世阿弥の演劇論は、観客に喜ばれるものを考えて構築されている、今のビジネスにも直結する内容だからです。

そうした身体を通じて獲得された知性、あるいは宮本武蔵的な武道を極めた人間に宿る知性というものは、現代のアスリートやミュージシャンからも感じられます。

オリンピックに出てくるアスリートの中にも、武道家としての佇(たたず)まいを感じさせてくれる人がいます。たとえば柔道金メダリストの大野将平選手は、インタビューで語られている言葉を読むだけでも、単に試合に勝つことを目指しているのではなく、自分自身の理想の柔道を完成させることを強く意識していて、勝利はその過程での副産物でしかないと考えていることが感じられます。

元メジャーリーガーのイチロー選手も、「現代の武蔵」といった風格があります。彼の言葉を聞いていると、その高度に身体化された知性が、言葉の端々に表れているのが感じられ、同時代に生きられていることの素晴らしさに感謝せずにはいられません。

そうした普通の人とは違う次元で生きている人は、大谷翔平選手やボクシングの井上尚弥選手、あるいは将棋の藤井聡太さんなど、若い世代にも続々と現れています。

大谷選手は、周囲の状況とは無関係にいつも楽しそうにプレーしている、あの軽やかさがなんとも言えず魅力です。彼独特の「二刀流」というスタイルに対しては、「野手か投手かどちらか一つに専念すべきだ」という批判が、デビュー以来ずっとつきまとっていました。しかし、彼はそれを意に介さず、投打ともに圧倒的な活躍をすることで雑音をかき消してしまい、その異端のスタイルのままメジャーに乗り込んで、世界最高のスーパースターにまでなりました。

そんな前人未踏の偉業を成し遂げておきながら、本人はどこまでも自然体で、野球をプレーすること自体を楽しんでいるように見えます。私は大谷選手のあの伸びやかさや素直さに触れていると、「なんだか仏陀(ぶっだ)のようだな」と思うことさえあります。

2022年の冬季五輪でも、平野歩夢（あゆむ）選手は、不可解な判定への怒りを質の高いパフォーマンスに昇華させ、金メダルを獲得しました。歴史に残る見事なアンガーマネジメントでした。

また、スピードスケートの5種目に出場し、金メダル一つ、銀メダル三つという驚異的な活躍をした高木美帆選手からは、武蔵のような「鍛錬・工夫・吟味」を感じます。

身体知は、見ている私たちにまで伝わってくるものなのです。

第一章

生まれ持った「遺伝子」より、身につけた「教養」を重んじる

今の若者たちの「整い」ぶり

前章では、知性の根源にある「驚き」「笑い」「身体性」について説明してきました。知性と笑いや身体性を結びつけたのは、意外な感があったかもしれません。

こうした「知性」に対する社会的なまなざしも、時代によって変わっています。私には「知性軽視」の風潮が、どんどん強まっている印象があります。そうした空気は、確実に個人の生活にも影響をおよぼしているでしょう。

こう書くと、「最近の若者はなっとらん」という説教をするのかと感じさせるかもしれませんが、まったく違います。それが、いつの時代でも語られる常套句(じょうとうく)だという以上に、今の若者が優秀であることが、私の肌感覚としてあるからです。

実際に学生を見ていると、センスが良いうえに、情報の処理も速く的確です。前章で書いたショートコントのように、私が授業で相当に高度な課題を出しても、難なく対応してくれます。おかげさまで、私の授業内容も年々高度になっています。

「デジタルネイティブ」という言葉がありますが、情報機器の進化もあってか、日本の若者の頭脳は、どんどんシャープになってきているとさえ思います。

私が20歳だった40年前と現代の若い人たちを比較すると、何より大きな違いとして感じられるのは、**今の若い人の「整いぶり」です。**

今の若い人たちは、昔の若者に比べて本当に上品になりました。基本的に他人に失礼なことを言いませんし、マナーやTPOをごく自然なものとして身につけています。一言でいえば、すごく文明化されていると感じます。

おそらく令和という時代は、昭和のガサツさが、間に挟まれた平成の約30年間で全部整理された後にやってきた時代なのでしょう。

平成の30年間でトイレがきれいになったことは、文明化の象徴かもしれません。昭和の時代をやたらと懐かしみ、「昔は良かった、あのころに戻れるなら戻りたい」と思っている人がいたら、ちょっと冷静になって昭和の公衆便所を思い出してみてください。今でもあれを使う気になれるでしょうか。そのくらい昔のトイレはかなり不潔でしたし、現代の日本はどこへ行っても見違えるほどにトイレが清潔になりました。

時代というものは時代が下れば下るほどに「整う」方向に行くものであって、それは人間も例外ではないのでしょう。

たとえば電車の中でも、20歳の若者が変なことをしている場面はあまり見かけません。

各種の迷惑行為、泥酔して駅員に絡んだり、目の前の他の乗客に難癖をつけて怒鳴り散らしたりしているのは、多くが中年以上の男性です。コロナ禍でも、若い人が繁華街に集まっている、といったことがたびたび批判的に報道されましたが、実際に飲食店で大々的な宴会をやっていたのは、中高年の国会議員たちでした。

もちろん、過去数年に起きた凶悪事件の犯人に20代や30代はいましたが、犯罪件数も減り、全体で見れば若い人ほどルールを守って生活しているのは間違いないです。粗暴で、気に食わないことがあるとすぐに暴力に訴える危険な若者は、昔のほうがはるかにたくさんいました。

映画『仁義なき戦い』は、戦後に焼け野原となった広島を舞台に、戦地から復員してきた菅原文太演じる若者がヤクザとなり、仲間とともに抗争に巻き込まれる話ですが、あの作品に出てくる若いヤクザたちと現代の若者を比べると、隔世の感があります。

もちろん、あの映画は実録と銘打っていてもフィクションですし、一般人ではない暴力団員を描いているものではあります。しかし、当時の広島を知る人に話を聞く限りでは、あれくらい危険な雰囲気を漂わせた人はけっこういたそうです。

仮にそうした人を現代の若者の輪に交ぜてみたら、浮きまくるどころではないでしょう。

時代とともに「打たれ弱く」なる若者たち

一方で、現代の若者に対して心配になることもあります。

若い人たちが昔に比べてずっと上品になり、優秀になったのはとても良いことでありますが、それと引き換えに、どんどん「打たれ弱く」なっているように見えることが気がかりです。大学で教えていても、ちょっとしたことでショックを受けて、引きずってしまう学生が年々増えているような気がします。

仲の良い友人たちとだけ固まって、交友関係が閉じたものになっている。好きな趣味にだけ関心があって、世界が広がっていかない。集団の中に「異物」を感じると、排除しようとしてしまう。

これらの原因を集約すると、**「勇気が足りない」**ということかもしれません。

それは、学生の実生活にも悪影響をおよぼしています。たとえば就職活動でも、能力は高いはずなのに、自分に自信がなくて受け答えが曖昧（あいまい）になってしまったり、自分を上手にアピールすることができなかったりして、どうしても内定が取れない学生がいます。そうしたタイプの人は、恋愛に関しても、やはり勇気がないせいで損をしている傾向があります。

孔子の有名な格言に、「知者は惑わず、仁者は憂えず、勇者は恐れず」というものがあります。人間にとって最も重要であるとするこの「知・仁・勇」の三徳のうち、現代の若者は「仁」、つまり優しさについては十分にありますし、「知」についても磨けば光っていきます。

ただ一つ「勇」に関しては、総じて物足りない印象があります。そのせいで「個性がない」という印象さえ与えてしまっているように思えます。

なぜ昔の日本人には「人格の厚み」があったのか

先ほどの『仁義なき戦い』の話ではありませんが、私自身の記憶を手繰ってみても、私の祖父母や同世代である明治生まれの人たちは、かなり個性的だった印象があります。今は80代以上になっている大正時代、昭和初期に生まれた世代の人たちにしても、戦争や戦後の復興を経験しているだけに、ゴツゴツとした個性を持っていました。

現代の中年以下の世代は、過去20~30年ほど日本が国を挙げて取り組んできた「個性を伸ばす」教育を受けてきたはずですが、明治、大正、昭和初期に生まれた人たちに比べると、個性の強さという面で分が悪いのは否定しがたいと思います。

たとえば、昔の映画と今の映画を観比べると、ことさらそう感じるのではないでしょうか。容姿や繊細な演技力という点では、現代の俳優たちも素晴らしいのですが、単純に「存在感」という一点で比較した場合、三船敏郎や笠智衆、志村喬、勝新太郎……といった名優たちには、なかなか太刀打ちできないように感じます。

そもそも現代の映画やドラマでは、主演に「二枚目」俳優、つまり見た目が格好いい人しか起用されない傾向が、昔よりも強まっているように思えます。これはきっとスクリーンなりテレビの画面なりに観客・視聴者の目を引き付けておくだけの存在感を出すことが、二枚目俳優や美人女優以外には難しくなっているからでしょう。

昔の映画には、決して容姿端麗というわけではないのに、重厚な存在感で観客の目を釘付けにしてしまう俳優がたくさんいました。さらに言えば、別に俳優でもなんでもない、一般人を呼んできてカメラの前に立たせても、ただ黙っているだけでサマになってしまうような佇まいが、明治生まれの人にはありました。

もしかしたら現代人は、前世代よりも存在として「薄っぺらく」なっているのかもしれません。それは単に外側から見た佇まいの問題では済まず、行動にも表れてしまっているように思えます。

これは個々人の問題として、簡単に片付けられる話ではありません。本来なら、現代人だってそれぞれに内面世界は持っており、彼ら一人ひとりの心の内側に踏み入れれば、繊細な感情はあるはずです。

では、なぜ外部の目にさらされたとき、薄っぺらく感じさせるのかといえば、それは**現代人の内面世界が、その人自身の「気質」だけで構成されていて、その気質を下支えする土台や、柱・梁(はり)にあたるものがないから**だと私は思います。

明治から昭和初期までの日本人には、近世以前からずっと積み重ねられてきた身体文化や精神文化を人格の土台、梁・柱として活かす素地がありました。

武士文化で考えてみましょう。武士というのは、自分たちの人格修養に関して、有利な立場にありました。なぜかといえば、彼らは宮本武蔵ほどの水準ではなくても、剣術や弓、馬術の日常的な訓練を通じて、身体的な知性を自分の中に取り入れることができたからです。

『葉隠(はがくれ)』に「武士道とは、死ぬことと見つけたり」という有名なフレーズが出てきますが、こうした死を自分の生と隣り合わせのものと意識しながら生きていく精神文化を、物心ついたころから叩き込まれ、教え込まれていました。

こうしたものを日々の生活で人格として練り込まれていくことで、武士たちは彼ら個人の「気質」がどうであるかには関係なく、長じるに従い厚みのある「人格」を備えていくことができました。つまり、武士たちの個々の人格は、個人の資質ではなく、武士文化によってつくられたものなのです。

それに対して現代では、明治の近代化、そして敗戦によって生じた価値観の大転換によって、こうした身体文化・精神文化の継承が妨げられたために、個人が個人の資質だけで勝負しなければいけなくなってしまいました。これでは人格までもが薄っぺらく見えてしまうのも、仕方がありません。

人格に奥行を出すためには、現代人でも身体の文化、精神の文化を吸収できるような知的生活習慣を取り入れていきたいところです。

『学問のすゝめ』をベストセラーにした教育熱

ここで少し、戦前における日本の「知性」のあり方を振り返ってみたいと思います。

日本において、社会全体が教育、学習熱に燃えていた時代がありました。たとえば江戸時代後期は、武士階級だけでなく、商人や農民など庶民の階級にまで急速に読書熱が広まった時代でした。

明治初期に数百もの会社を興し、「日本資本主義の父」と呼ばれた渋沢栄一は、武蔵国（現在の埼玉県深谷市）の富裕な農家に生まれ、幼少時から「四書五経」を諳んじる日々を送っていたといいます。渋沢はこの素養を基盤として後に『論語と算盤』を著して、商道徳と経済合理性を両立させることの重要性を提唱することになりますが、当時は渋沢のような知的水準の高い農民が日本各地にいたのです。

明治維新後の明治5年から9年にかけて、福沢諭吉が断続的に刊行した『学問のすゝめ』も、この下地があったがゆえに大ベストセラーとなりました。そして、これを読んで影響された人たちが、「学問をしたい」「学校に行きたい」「新聞を読みたい」とさらに向学心をたぎらせたことで、日本は近代化を実現するのです。

こうした学ぶことに対する全国民的な渇望感のようなものは、日本以外でも見られます。20年前に、中国に行った私の知人から、若者たちが書店の床に座り込み――本を読みたくてたまらないのに買うお金がないからです――かぶりつくように本を読んでいる光景をよく見た、という話を聞きました。その知人は、「ああいう風景はもう日本にはないな」と寂しそうに語っていたものです。

国家としての中国には様々な問題が指摘されていますが、経済的に急成長しているのはたしかです。その中核を担っているのは、おそらく20年前に書店に座り込んで本を読んでいた世代でしょう。必死に学んでいる若者たちの向上心やエネルギーを馬鹿にすることはできません。

それに比べると日本は、古今東西の良書が気軽に読める恵まれた環境が整備されていながら、この20年ほどの間、そのせっかくの資源が活用されないまま来てしまいました。日本は永らく世界2位の経済大国と言われていたのが、2010年に中国にGDPで抜かれ、3位に転落しました。

GDPは経済の話とはいえ、若者たちが知的な渇望感を抱え、そののどの渇きを癒やすがごとく活字を読んでいるかどうかは、未来に関わる重大事です。

一億総中流社会は、「戦前生まれ」世代が築き上げた

話が先に進みすぎましたが、日本にあった江戸時代後期から幕末の勉強熱、明治維新以降の『学問のすゝめ』を熱狂的に歓迎した空気が、その後の敗戦によって失われたかというと、そうでもありませんでした。

敗戦後の日本はすぐに復興に着手して、1955年からは高度経済成長が始まり、オイルショックが起こる1973年ごろまで続きます。私はこの真っただ中の1960年に生まれましたから、当時の右肩上がりの空気は体感的によく知っています。よく「戦後の焼け野原」と言いますが、戦争の時代を生き残り、その焼け跡に戦後日本を建設した人たちのパワーは、すごいものがありました。

彼らのその気力がどこから来たのかといえば、単に「自分一人がのし上がれるなら、それでいい」というものではありませんでした。

何しろ彼らは、同世代の多くを戦争で亡くした経験をしています。彼らにとって「死んでいった人たちに恥ずかしくない生き方をしたい」と考えたり、「自分が生き残った意味はなんだろう」と深く自分を見つめたりするのは、ほとんど必然的なことだったでしょう。だからこそ、「日本を良い国にしたい」「祖国を発展させたい」「社会に貢献したい」という動機で働くことも、かなり当たり前のことだったのでしょう。「社会の混乱に乗じて私腹を肥やしてやろう」という不純な動機で生きている人もいないことはなかったでしょうが、少なくとも現代人が想像するよりずっと少なかったはずです。

ですから、この国を復興させようという日本国民の意気込みや、前向きな一体感のようなものは、初の東京オリンピックが開催された1964年、あるいは大阪万国博覧会が開催された1970年ごろまで、ものすごいものがありました。

こういった社会全体が前向きで、未来志向になっている時代には、国民の「向学心」は高まるものです。

ここで思うのは、一つの国や社会において、先ほど述べたような、その国民が受け継いでいる身体文化・精神文化が、いかに強い力を持つかということです。

日本の昭和史は、戦前が暗黒時代であったのに対して、戦後を民主主義が定着した明るい時代、と単純に図式化されがちです。そこで忘れてはいけないのは、**戦後の復興と高度経済成長を支えたのは、その全員が戦前に生まれ、戦前に人格形成を行った人たちである**ということです。

悪いものとされやすい戦前の社会で、誤っていたとされがちな教育を受けていた人たちが、戦後の復興を成し、高度経済成長を成した。そして彼らの力で、日本は「一億総中流」と呼ばれる社会をつくり出しました。

私はこの「一億総中流」の実現は、人類史の奇跡ではないかと思っています。世界史を見渡しても、これほどにみんなが豊かで、かつ平等な社会が実現した例はなかったでしょう。

当時の日本は、東西冷戦の時代にあって、西側（資本主義陣営）に属していながら、「最も成功した社会主義国」と言われていました。社会体制としてはまぎれもない自由主義、資本主義国でありながら、資本主義が宿命的に持ってしまう貧富の格差が小さく抑えられ、社会主義が目指している平等を実現してしまっていることに、他の国々まで驚いたのです。

当の日本国民も、「一億総中流」という表現を聞いて、納得感こそあれ違和感はありませんでした。私の少年時代の友人には、何人か貧しい家で育った子がいましたが、そうした家庭も、70年代に入るころにはかなり生活水準が良くなっていきました。

そして、貧しい人たちが豊かになっていくことを、社会の上層にいる人たちも望ましいことと考え、そのためのコストを喜んで負担していました。

当時は所得税の累進性——税の累進性とは、収入の多い人ほどたくさんの税金を納めなくてはならないということです——が、今とは比べ物にならないほど大きかった時代です。2000年代に個人情報保護法が施行される以前、所得税をたくさん納めた個人の名前は税務署によって公表されていましたが、松下電器産業（現・パナソニック）の創業者である松下幸之助氏など、この長者番付（高額納税者番付）に載るようなお金持ちは、収入の約8割を税金として納めていました。

それは富裕層や会社経営者たちにも、国を思う気持ちがあったからにほかなりません。大企業や高額所得者がどんどん税金を納めることで社会が安定した結果、70年代の日本では、庶民が将来に不安を抱くことなく結婚して家庭を持ち、一般的な勤め人ならば誰でも中流の生活ができるという社会が実現しました。

途絶えてしまった身体・精神文化の継承

復興と高度経済成長を成し遂げた中心人物たちが、みな戦前に人格形成を終えていたという事実について、戦後の日本社会が一斉に忘れたふりをし、**戦前の身体文化と精神文化まで「なかったこと」にしてしまったのは大きな損失だった**ように思います。

ここでいう身体文化とは、たとえば臍（へそ）の下にある「臍下丹田（せいかたんでん）」を意識して、長く、深い呼吸をすることで精神を落ち着かせる呼吸法、といったものです。

これは禅の修行をするには、必ず身につけなければならないものです。そして戦前までの日本では、この呼吸法や正座によって心を整えるための技術が、生活の中に自然な形で取り込まれていて、日本人は禅というものを体感的に理解していました。

あるいは大正時代には、農業改良家である岡田虎二郎（おかだとらじろう）が、この呼吸法と正座を組み合わせて考案した健康法兼精神修養法の「岡田式静座法」が、非常に人気を博したこともありました。

少なくともこのころまでは、鈴木大拙が『禅と日本文化』（岩波新書）で書いているように、日本文化全体に禅が溶け込んでいたのです。禅を起源とする「マインドフルネス」が、シリコンバレーで流行したことで、日本でもブームになりましたが、実は日本に脈々と受け継がれてきた身体文化だったのですね。

そうした精神文化・身体文化が戦後に廃れてしまった結果、日本人は「禅的精神力」というベースを失っていきました。

特に1980年代に入って世の中がバブル景気に浮かれるようになると、この精神文化の崩壊は一気に進みました。人々が不動産や株、証券、ゴルフ会員権や美術品などを投機目的で購入し、いかに自分で汗をかくことなく不労所得を得るかに血眼になった結果、誰も目を向けなくなったのです。

バブルによって世の中全体が軽薄になっていった影響は、文化面にもおよびました。**古典的な教養が重視されなくなった代わりに、「サブカルチャー」がもて囃されるようになったのです。**

たとえば、映画『私をスキーに連れてって』など、バブル期の流行を数多くつくり出したクリエイター集団の「ホイチョイ・プロダクション」は、バブル前夜の1983年に『見栄講座』（小学館）という、ファッションや遊びでいかに見栄を張るかについてのノウハウ本を出しています。バブル期というのは、こういうものが半分は冗談、しかし何割かは実際に役立つものとして読まれた時代でした。

この時代のサブカル文化は、現代の漫画やアニメなどにも多くの財産を遺しています。私自身も漫画やアニメを愛していますので、それ自体が悪いと言いたいわけではありません。

ただ、80年代のサブカル文化の興隆が、伝統的な教養をそれまでの「殿堂」的な地位から失墜（しっつい）させ、日本人に「必ずしも教養を身につけなくて構わないし、教養がないことは恥ではない」と思わせた効果は、確実にありました。漫才コンビ「ツービート」の「赤信号、みんなで渡れば怖くない」ではありませんが、「無教養、みんなでなれば怖くない」という風潮になっていったのです。

2003年に中公新書から出た『教養主義の没落』（竹内洋）という本には、この時期に学生たちがどんどん本を読まなくなり、東大生の蔵書数も減っていったことが詳しく紹介されています。

かつては「教養がないと恥ずかしいから本を読まなきゃ」だったのが、知的なプレッシャーがなくなり、「各自が好きなサブカルを楽しめばいい」という価値観になりました。

これは一見、自由で民主主義的なようですが、知的な水準を下げてしまう土壌をつくりました。80年代にそういう価値観の転換が起きた結果、日本人の精神が簡単にいうと、さもしいものになってしまったように感じます。

国民がみな、一致団結して焼け野原になった国を復興させ、良い国をつくろうとしていた70年代までから一転、バブル以降の日本人は、ラクして儲ける人がいるなら、自分たちもそれを真似しようと考えるようになり、同時並行で知性、教養に対するあこがれを急速に失っていきました。

先天的な遺伝子VS後天的な教養

私には、昨今の「遺伝子至上主義」が、こうした日本人の精神文化の退廃が招いた必然的な帰結であるように感じられます。「2021ユーキャン新語・流行語大賞」のトップ10に「親ガチャ」という言葉が選ばれましたが、**今は老いも若きも、猫も杓子も、人が生**

まれ持った「遺伝子」を過大評価しすぎなのではないでしょうか。

たとえば瞼（まぶた）が一重（ひとえ）だとか二重（ふたえ）だかとか、顔が大きいとか小さいとか、足が長いとか短いとか、こうした人間の身体面の特徴は、ほとんど遺伝子によって決定されています。こうした価値観だけが絶対であるなら、人生の勝敗は生まれた時点ですでに決していることになってしまいます。

よく美男美女の芸能人夫婦に赤ちゃんが生まれると、その話題に対してＳＮＳなどで、「この子は美人決定ですね」「もう一生安泰ですね」といった書き込みがされます。書いた当人からすると素直に祝福しているだけなのでしょうが、私はこうした書き込みを見るたびに、残念な気持ちになります。

人間誰しも美しさにあこがれ、他人の美しさを羨（うらや）んだり、自分自身も美しくなりたいと思ったりする気持ちはあるかもしれません。しかし、それは結局のところ、人間が持って生まれてきた遺伝子の良し悪しを問題にしている、ということです。

私はこんな価値観にとらわれている限り、人としての進歩はないと思っています。こうしたことは、もう「品がない」こととして軽蔑していくべきなのではないでしょうか。

「ＬＧＢＴＱ」や「ＳＤＧｓ」の概念が提唱され、多様性を大事にし、差別をなくしていこうと主張されるようになった「上品に整う文明化」の一方で、今の日本では「二重帝国主義（私の造語です）」が幅を利かせています。

私自身も瞼は一重ですが、自分の一重瞼を二重にしようという発想さえ持ったことはありません。それが、今では男の子でも二重瞼にしたがる時代です。人類の文明がこれほど発達したのに、むしろ誰もが遺伝子のことばかりを言うようになってしまったのなら、残念に思います。

遺伝子は先天的なものですが、外見的な美にあまりに意識を取られると、知的な面での努力の甲斐がなくなってしまいます。

その点、知性は必ずしも遺伝子に規定されません。生まれつき知能指数が高い人でも、勉強しなければ学校の成績は上がりませんし、地頭がいくら良くたって、本を読まなければ教養は身につきません。教養を持って生まれてくる赤ちゃんはいないのです。

そういう意味で、教養、そして人間の教養の集積である文化は、どちらも圧倒的に後天的なものです。つまり文化というものは、ＤＮＡ至上主義的な価値観とは本来的に相容れないものであり、ＤＮＡがあまりに幅を利かせる世の中では文化も育ちません。

現代社会はこの「ＤＮＡ対文化」の対立において、ＤＮＡが優勢になりつつある時代な

のかもしれません。

顔も見ずに恋愛した平安貴族の「モテ基準」

「ブス」という言葉は、ひと昔までは少なくとも男性に対してはあまり向けられない言葉でした。ところが最近では、男性に対しても「ブス」という言葉が使われるようになってきている印象を受けます。

女性を中心に向けられていた蔑称(べっしょう)が、男性に対しても使われるようになったのは、「男女平等」の意味では面白い現象かもしれません。ただ一方で、この現象は男性も化粧し、整形もするようになるなど、男女関係なく「外見的な美しさ」が要求されるようになった現代の価値観を反映している気がします。もしかしたら、日本中の男性がBTSのメンバーたちのようなツルツルの肌にあこがれる時代も来るかもしれません。

これが仮に、**美しさよりも教養に重きを置く価値観が社会の中に定着しているのであれば、男性でも女性でも、競って教養を身につけようとするはずです。**かつての日本には、実際にそういう時代もありました。

たとえば平安時代の貴族社会は、写真などない時代ですから、人が恋に落ちるにも顔が基準になるわけではありませんでした。むしろ巧みな和歌やロマンチックな恋文を送ってくれた相手に対して、その人の顔も知らないままに思いを受け入れ、逢瀬（おうせ）の際にも、灯りがない闇夜でお互いの顔も見えない中で、そのまま関係を結ぶ、ということもあったのです。

そこでの「モテ基準」は、歌や手紙のやり取りを上手にこなせるだけの教養を持っているかどうかが、最重要項目でした。そのような条件があればこそ、平安貴族たちは努力して和漢の教養を身につけ、雅（みやび）やかな教養人になろうと必死になりました。当時の教養のベースとされた『和漢朗詠集』を読むと、文化レベルの高さがわかります。

現代人が教養を身につけることにそれほど熱心になれないのは、人間を評価する尺度としての教養の価値が昔よりも大幅に低下し、代わりに容姿や経済力に価値を置く比重が高まった影響が大きいのかもしれません。

白人を基準にした「美」へのとらわれ

私が「美しさ」に軸足を置いた価値観を問題視するもう一つの理由は、**現代の美の基準が西洋の白人に偏っていることです。**「白人的な美」を最高のものとするなら、私たち日本人はそこから遠い存在ということになるでしょう。

美しさの基準としての人種の問題は、考え始めるとかなり根深いものがあります。たとえば女性の美しさを表現する際に、よく「透明感がある」と言われますが、この言葉が黒人の女性に対して使われるケースはあまりないでしょう。それは、私たちがこの言葉を使う際に、白人的な透き通るような白さを美の基準として想定しているからです。

こうした「白人的な美」を最も美しいと位置づける世の中では、私たち日本人の大半は、どうしたって西洋に対する劣等感を持ったまま、一生を終えなくてはなりません。

これほど文明が進み、世の中全体が差別をなくそうとしている一方で、いつまでも妙な劣等感にとらわれていていいのでしょうか。

人生は有限なのに、本人の努力で変えようがないDNAの配列に基づいて、人の序列を決めるだけで終わってしまうのでは悲しすぎます。一重瞼の人が人生最期の日に、「私は一重瞼に生まれてきたせいで不幸な人生だった。二重に生まれたかった」と思いながら死ぬのでは、あまりに寂しい人生です。

少なくとも私は、自分の身近な人たちにはそのような生き方をしてもらいたくないですし、そんなことに思い悩むよりは、たくさんの本を読んで多くの教養を身につけ、好きな音楽や美術に触れた満足感に満たされてもらいたいと思います。そして最期の日には、「ああ、この世界は、豊かな文化がある、いい世界だったな」と思いながら、死を迎えてもらいたいです。

知的生活を送る意義は、そこにあります。**私は文化を重視することによって、人は救われると考えています。**

「モテる／モテない」の基準が、外見的な良し悪しにもあるのは事実でしょう。しかし、そうした価値観に振り回される社会より、教養・文化がある人を魅力的だと考える社会のほうが、ずっと楽しいはずです。

それこそが日本人の容姿を下位に置くような価値基準から私たち自身を解放し、勝ち目のない無益な戦いから抜け出すためのヒントであるはずなのです。

「遺伝子至上主義」が若者のストレスになっている

この章の冒頭で、今の若者に感じる「打たれ弱さ」や「勇気のなさ」について話しました。そこには、この「遺伝子至上主義」が影響していると感じます。

かつての日本であれば、特別かっこいい男性や美人な女性でなくても、多くの人は結婚していました。統計によると1970年には、生涯で一度以上結婚する人の率は98％ほどで、男性の生涯未婚率は1・7％でした。

それが2020年の国勢調査では、男性の生涯未婚率が25・7％、女性は16・4％もあります。

もちろん、今は結婚する自由もあれば結婚しない自由もあり、あるいは離婚だって昔よりは自由にできるようになったので、今のほうが良いという見方もできるのかもしれません。また、こと結婚に関しては、経済的な面も大きいと思います。

ただそういった結婚の問題とは別に、今の若い人たちが恋愛もしたくないと思っているかといえば、必ずしもそうではないでしょう。圧倒的多数は誰かと付き合いたいという願望を持っているように思います。

一方で、現実に恋愛ができるのは、ある程度容姿が優れた男女だけに許された「特権」というような感覚が、若者を中心に広がりつつあるようにも感じます。

遺伝子的に優れた、見た目が良い者同士にしか恋愛ができないということになると、それ以外の見た目に恵まれない「余り物」の男女は、お互いを恋愛対象とみなさず、蔑（さげす）み合っているということになってしまいます。お互いを「余り物」のように見る関係性はゆがんでいます。

私にはこれが、**現代における「恋愛不適格者」の烙印を押された者同士が、お互いの遺伝子を憎み合っている構図**に見えてしまいます。そんな烙印を押し合う社会はつらい。「結婚しない自由」といえば聞こえはいいですが、実際にはお互いの価値基準が外見に偏っているあまり、身動きが取れなくなっていることもあるのではないでしょうか。

これではあまりにいびつであり、多くの人が幸せを感じにくくなってしまいます。

私がなぜこれを問題視するかというと、30年にわたって大学生たちを指導し、卒業後も彼ら・彼女らとの付き合いを続ける中で、若者たちがどんどん苦しくなっているのを肌身で感じるからです。簡単にいうと、カップル率が低くなっており、彼ら・彼女ら自身も恋愛できない自分に対してイラ立ち、「自分はどうせモテないから」と過剰に低い自己肯定感に悩んでいるのをよく目にします。

「理解力」は「愛」を超越する

世間ではよく「愛が大事」であると言われますが、私は愛というものは、恋愛だけでなく博愛的な愛も含めて、不安定なものだと考えています。それよりも**大事なのは、「理解**

力」ではないでしょうか。

愛は冷めることもありますが、理解は時間の経過を経て、より深まりこそすれ、3年後に冷めたり薄まったりはしません。そして、理解力がある人は、安定して理解力があります。

「愛する」ことを重視する人は、愛せない相手に対して、憎しみを募(つの)らせるか、無視することになります。しかし、「理解する人」「理解しようとする人」は、愛せない相手に対しても別の向き合い方が可能です。

ですから私は、人を好きになる理由としても、「理解力がある」ことを重んじるような価値観を持つほうが、幸せになれると考えています。遺伝子至上主義ではなく、コミュニケーション力や理解力、共感力など、「自分のことを理解してくれている」「お互いに理解し合える」と感じられる基準を持つことで、人付き合いの選択の幅を広げてほしいと切に願います。

また**理解は、相性や趣味、物事の好き嫌い、思想や信条の違いさえも超越する**ものでもあります。

私は、これまで何千人もの学生を教えてきましたが、個々の学生に対して好き嫌いはありませんし、どの学生が好きで、どの学生が苦手というのもありません。全員を理解すればいいだけだからです。その意味で、理解力のある人が世の中に増えれば増えるほど、相性の良い組み合わせだって増えていくはずです。

遺伝子的な要素を気にして、「愛されない」こと、「愛せない」ことに思い煩（わずら）うよりも、「理解力」を磨いて、人と向き合ってほしいです。

「査定社会」が「勇気」を奪う

また、「遺伝子至上主義」的な価値観の蔓延（まんえん）と同時に、**「査定社会化」も若者を苦しめているように**思います。本章冒頭で述べた今の若者に見られる「勇気の足りなさ」の原因は、そこにあるのではないでしょうか。

今は、なんでも「査定」がものすごく厳しくされるようになりました。

たとえば、大学入学に向けて、内申書が重視されるようになると、高校生は日々の授業を真面目に受けなければいけません。これが学力試験であれば、仮に授業態度が悪くても、欠席が多くても、合格すれば大学に入れるわけですが、今は一般入試以外の選考も増え、内申書が重要視される傾向にあります。

大学でも、出席日数を細かくチェックしたり、しっかりとした課題を出したり、単位取得の要件を高くしたりと、どんどん審査が厳格になっています。

もちろん、学生が大真面目になり、力をつけている点では、歓迎すべきところはあります。ただ、システムが整っていき、どんどん整う方向に向かうことで、学生に余裕や気楽さがなくなっている現状があります。

昔の大学生といえば、まさに「モラトリアム期間」といった感じで、授業をサボる学生は大勢いました。それが今の学生には、余計な時間やダラダラする暇が少なくなってきています。さらにバイトもしなければならないとなると、なおさら時間がありません。

そんな中で、人と主につながるのはSNSということになってくると、無駄な遊びや純粋なおしゃべりを楽しむ時間も取れず、どんどん苦しくなってきます。細かくスケジュールが決められ、細かく評価されていく、査定社会というものの世知辛さですね。

今の時代状況は、中古車市場でたとえれば、「ここに傷がある」「ここもここも」と、細かい欠点まで逐一チェックされ、すべてが露わにされるようなものです。しかもそれが、AIによって一瞬でシャーンと査定されていくようになっています。そのうち人間性を含め、学歴から収入から、外見的な遺伝子の情報までも査定される時代が来るかもしれません。

そうすると、どうしても人の目を気にして臆病になってきますよね。こうした一面を見せたら、こういうふうに査定されてしまうかもしれない。こう査定されるから、これは隠しておこう。そういう考えをめぐらせるうちに、だんだん勇気を持つことが難しくなっているのではないかと思います。

最近では、テレビ番組やラジオ番組の制作現場でも、「クレームがうるさくて、面白い表現がしにくくなった」という話をよく聞きます。様々なところにチェックが入って、自主規制や自粛が行われているようです。

しかし、そんな中でも面白さの可能性を追究している方は多くいます。

私が出演しているテレビ番組に、『全力!脱力タイムズ』というすごく「攻めた」番組があります。ご覧になったことがある方はわかるかと思いますが、報道番組の体裁を取りながら、MCである芸人の有田哲平さん(アリタキャスター)が、ゲストの芸人さんに向かって「この番組はやらせなので、合わせてください」などといった無茶ぶりをしていく、メタ的な視点でつくられたバラエティ番組です。

「この番組はやらせでできています」と言い切ってしまって、壮大なコントとして番組全体を成立させてしまう。本当にバカバカしい番組ですが、そのバカバカしさが、笑いへの情熱に満ちていて、査定やクレームに対して、あらかじめ上を行くような知性を感じるんですね。

そうした企画や表現を見ると、規制が強くなる中でも表現していくことは十分に可能なんだと、開けていく感じがします。「時代の閉塞感」とよく言いますが、**知性で閉塞感を乗り越えていくというような気概が、ますます求められていくのだと思います。**

「向上心・向学心」を基準にした価値観を

繰り返しになりますが、私は、遺伝子ではなく、もっと教養に価値基準が置かれるようになってほしいと願います。そして、査定を恐れて臆病になるのではなく、内発的な「向上心・向学心」を原動力にして、若い人には人生を歩んでほしいです。

渋沢栄一が活躍した幕末の時代は、渋沢の瞼が一重なのか二重なのか、足が長いか短いのか、といったことを問題にする人はいなかったはずですし、世間の側が渋沢を評価する際にも、「日本を近代的な資本主義の国にしたい」という彼の志の部分を重視したはずです。

福沢諭吉も、若いころは緒方洪庵（おがたこうあん）の適塾（てきじゅく）で学び、他の塾生たちとは、「他の誰よりもオランダ語の文献を読めるようになろう」と鎬（しのぎ）を削り合う関係だったと、自伝に書いています。

そうした**志や向学心から競い合い、切磋琢磨する価値観というのは、とても健全なもの**です。

「学ぶ」という行為は、先天的な遺伝子とは違って、誰に対しても開かれています。文明を築き、社会を良くしていくものでもあります。美醜よりも向上心・向学心を問題にしたいものです。

かつての京都の学生街では、西田幾多郎の『善の研究』が発売されると、書店に行列ができたといいます。新型の iPhone やドラクエの新作で並ぶのもよいですが、『善の研究』で並んだ時代がもう一度来ることを願っています。

第二章

「向上心」があれば、逆境も力に変えられる

小・中学生で抱いた「国を思う気持ち」

前章では、知性や教養に関連する時代状況を話してきました。そこでは教養や向学心を大事にする生き方をおすすめしましたが、では、私自身が20代、30代のときにどう過ごしてきたのか。少しお伝えしたいと思います。

私は33歳まで定職に就いておらず、収入もありませんでした。決して順風満帆ではなく、特に経済的にはまったくうまくいっていませんでした。

それでも、そんな不遇な時期にも自分を見失わずに済んだのは、根本に「向上心・向学心」を最上位に置く価値観を持って生きていたから、そして「国を思う気持ち」があったからだと思います。

「この国のために」という気持ちは、小学生のときに社会科で「加工貿易」というものを教わったときに芽生えたものだと思います。

日本は資源が乏しい国であるがゆえに、石油や鉄鉱石などの原料を外国から輸入し、国内で加工し、輸出することで成り立っています。しかし、この仕組みは、外国から資源が入ってこなくなったり、資源を加工して商品に変える技術がなくなったりすれば、たちどころに破綻するものです。それを教わって、小学生の私はショックを受けたのですね。

中学生のときには、勝海舟の『氷川清話』を読んで、感銘を受けました。

勝は幕末の最終局面で将軍・徳川慶喜から幕府の軍事総裁に任命され、新政府軍・西郷隆盛と行った会談では、徳川家を存続させることと引き換えに、江戸城を引き渡す「無血開城」を決断しました。幕臣でありながら徳川幕府の幕引きをしたわけです。

他の幕閣は陸軍奉行だった小栗上野介を筆頭に、徹底抗戦を叫ぶ人たちばかりでしたから、それに付和雷同するほうが、ある意味ではラクだったでしょう。しかし、軍艦奉行として、日本海軍の増強に奔走してきた勝には、ここで幕府という存在にこだわって日本を潰してはならない、列強の脅威を排して日本の独立を守ることこそが重要だ、という信念がありました。だからこそ、自分は他の幕臣たちから裏切り者呼ばわりされることも覚悟のうえで、日本を新時代に移行させることを選んだわけです。

そうした勝の自伝や物語を中学時代に読んでいた私には、「自分も勝海舟のように、この国を守りたい」という思いを強くしました。

そして、子どもなりに「これからも日本が沈没から逃れるには、どうすべきか」と考え、たどり着いた答えが、「日本人の頭をもっと良くしなければいけない」ということでした。

常に何かを工夫するだけの国民的な能力を維持することが、日本のためになると思ったわけです。

国のためになる「いちばん価値のある仕事」とは何か

そうした小学生、中学生時代を経て、高校に入学し、やがて受験をする時期になります。そこで、「なんのために大学に行くのか」を自分に問いまして、「価値のある仕事に就くため」だと結論づけました。

ここでいう「価値のある仕事」とは、私個人が高いステイタスを得られるとか、豊かな暮らしができるとかとは関係なく、「国にとって重要かどうか」ということです。「国にとっていちばん価値のあることを仕事にできるなら、それこそが自分にとって最上の幸福だ」「それはなんだろう?」とさらに考えたところ、「最高裁判所の裁判官」が思い浮かびました。

私が中学生・高校生だった当時、歴史学者・家永三郎（いえながさぶろう）さんが国を相手取って起こした「家永教科書裁判」と呼ばれる裁判が、世間の注目を集めていました。

家永さんが執筆した高校の日本史教科書の記述に関して、文部省（現・文部科学省）が検定で不合格としたのです。それを家永さんが不服とし、そもそも教科書検定は憲法違反であるとして、国を訴えた裁判でした。

当時の私は、この裁判の報道を通じて、裁判所の判決によって、日本の教育の行方（ゆくえ）も決められるのだということを強く意識しました。また、自分が出す判決によって、日本の行政や国民生活に関して、一定の基準を示すことになる最高裁判事の仕事は、一人の人間がやる仕事として相当に価値があると感じていたのです。

そこで最高裁判事になるという目標から逆算し、これを叶えるためにはどうすればいいかと考えてたどり着いたのが、東大の法学部を目指すことでした。

ところが、実際に法学部に入学してみて気がついたのが、自分が性格的にあまり法律の世界に向いていないということでした。法律という世界は緻密（ちみつ）な論理だけで構成されているものですので、論理力を活かせる職業という意味では悪くなかったのですが、私としては、論理だけでなく、もっと総体としての人間をテーマにしたかったのです。

その意味で法律は、文学や哲学、芸術などの分野に比べて、取り扱う世界が限定的なように思え、物足りなくなってしまいました。裁判官の仕事は謹厳実直（きんげんじっちょく）に、目の前にある物事を処置することを求められるものであるのに対して、私はもっと自分独自の思想をつくり上げたかったのだと入学してから気づきました。

ずっとスポーツをやっていたこともあり、私は高校時代から身体技法に興味がありました。人間という存在は身体を基盤にしており、身体には固有の知恵がある。日本人は武道などを通じて、この「身体の知恵」を活かして人を育ててきたはずなのに、現代の教育からはその知恵が欠落してしまっている。こうした発想は、そのころから漠然と考え始めていたことです。

大学時代には、その身体技法の研究にいよいよ没入するようになり、ヨガや武道、自律訓練法や体操など、様々な道場や教室に通ううちに、身体の知恵を活かす技法の体系を自分なりにつかんだという実感を得られました。

そうすると次第に、そうした身体技法、とりわけ呼吸法のようなものを、日本中の子どもたちと共有したいと思うようになりました。

呼吸というのは、誰もが当たり前にやっていることではありますが、これを自覚的に、正しい方法で一息、一呼吸と行えば、どんなときでもパニックにならずに、平常心を取り戻せます。勉強に集中できない子でも、この呼吸法を三回やれば集中できます。

子どもへの教育として意義があると思った私は、次第に呼吸法を軸にした教育法を発信したいと思うようになっていきました。

そういうわけで裁判官になるのはやめ、代わりの進路として考えたのが、ＮＨＫに入局することでした。ＮＨＫの教育テレビ（現・ＮＨＫ Ｅテレ）で番組を制作する立場になれば、自分の考えを世の中に一気に広められると思ったのです。ただ、ＮＨＫの職員も会社員なので、そう好き放題に番組がつくれるわけではないと知りまして、これまた断念しました。私は徹頭徹尾、自分の好きなようにやりたい人間なのかもしれません。

こうした紆余曲折（うよきょくせつ）の末、大学院に進んで教育学の研究をしようと思い定めました。もともと裁判官になろうとしたのも、家永教科書裁判がきっかけだったくらいなので、教育には最初から興味がありました。それならいっそのこと、教育の思想家・研究者になるのがよいと考えたのです。そこで法学部卒業後に、東大大学院の教育学研究科に進学したというわけです。

「日本人の頭を良くしよう」という「国を思う気持ち」から、職業選びについて右往左往してきたようにも思いますが、根本の筋は通っていたと自分では思います。ただ、そこから長い、無職の旅路が始まってしまいました。途中で、「こんなことなら、文部省を目指せばよかったかな……」といった後悔をまったくしなかったわけではありません。

長い大学院生活を経て、ようやくまともに収入を得られるようになったのは、明治大学に就職した33歳からです。その時点ではすでに結婚し、子どももいたのですが、大学院に長く在籍しすぎた結果、満期退学になってしまい、所属先さえなくなってしまっていました。そうした完全な無所属、ほぼ無給の状態で、明治大学の公募に応募したところ、採用してもらえたというわけです。

どうして「不遇の時期」を耐えることができたか

この長らく定職に就けない生活にどうして耐えることができたかといえば、やはり私の中で小・中学生時代から抱いていた志が、変わらずにあったからだと思います。そして、いつか必ず時代が私に追いついてくるはずだという意識が強くありました。

私の場合、研究している対象がヨガや中国の道教など、数千年前からの人類の遺産ですので、私が先に行きすぎているというより、古い時代にさかのぼりすぎていたという表現のほうが正しいかもしれません。しかし、いつかは波が来るだろう、自分の思想を世の中に広めるタイミングが、必ず来るだろうというイメージを持っていました。

当時の私は、**今は自分にとっての「溜めの時期」、いつか爆発的に世の中への発信を行う時代に、備える時期だと位置づけていました。**

同じころに、小説家の村松友視さんのとある記事を読んだことも、私にとっては支えになりました。

村松さんは、40代になってから『時代屋の女房』が直木賞を受賞したことがきっかけで人気に火が付き、それ以降は毎月のように本を出す売れっ子となった作家です。当時はあまりの多作ぶりだったので、周囲からは「なんでそんなに本が書けるんだ?」と不思議がられたそうです。

実は、村松さんがそれほどに作品を量産できたのは、まだ無名の作家だった時期にたくさんの作品を書き溜めていたからでした。書き溜めていたものを、売れてから「お蔵出し」したというわけです。

これを知って、いずれ私も世の中と適切な角度で関われるようになったとき、今やっていることは村松さんが書き溜めた小説と同じく、必ず役に立つと信じることにしました。

どんな人の人生にも、「不遇の時期」というものがあります。それを将来に向けての「溜めの時期」にできるか、「暗黒の時期」になってしまうかは、そこでの本人のふるまい次第です。そこで支えになるのは、やはり「志」や「向上心」だと思います。

世間の「相場」から、自分の力を見極める

とはいえ、不遇な時期を「溜めの時期」ととらえて、脇目もふらずに精進するためには、その人が**目指す分野での「相場」を知っておきたいところ**でしょう。

これを私は、福沢諭吉が『福翁自伝』に書いていた内容から学びました。相場というのは、株式や先物の相場のことではなく、あるものが世の中で通用するだけの常識的な水準という意味です。

私の場合は研究の成果を、本という形で出したいという願いを強く持っていました。人間には寿命があり、何百年と生きられる人はいませんが、『おくのほそ道』や『源氏物語』は時代を超えて読まれ続け、今や世界中に読者を獲得しています。文章や本は時代を超える記念碑になりうるものですので、必ず本を書きたいという思いがありました。

ただ、世の中にすでに本はたくさん出ていますから、自分が本を出すには、その著者たちの水準を自分が超えていることが前提になります。この水準が、私にとっての「相場」です。

自宅でゴロゴロしながら、「俺だってプロ野球選手になれる」と愚痴(ぐち)っている人はいな

いでしょう。プロ野球選手になりたいのであれば、どうしてもクリアしなければならない一定の水準があることは、誰にでもわかります。自分が相場に達しているかは、たとえば時速140㎞の球を打てるかどうか、試してみる必要があります。

私も自分が書くものが相場より上なのか下なのかを知るためにも、たくさん文章を書いていました。そのうえで自分の著作物を客観的に読んで、商業出版として通用するレベルにあるとは、大学生時点から思っていました。だからこそ、「きっといつかは」と信じて過ごし続けられたのだと思います。

もっとも実際に本を出せるまでには、そこから20年近くもの時間がかかりました。それでも、そうして40歳のころに出した『声に出して読みたい日本語』(草思社)は、幸いなことにベストセラーになりました。

めぐって来た『にほんごであそぼ』のコンセプト

『声に出して読みたい日本語』を出したすぐ後に、あるオファーを受けました。この本の内容をベースに、『にほんごであそぼ』という番組をつくろうという、ＮＨＫ教育テレビからのオファーです。これには、学部生時代、ＮＨＫに入ってやりたいと思っていたことが、めぐりめぐって実現したことに、不思議な縁を感じました。
『にほんごであそぼ』のコンセプトは、日本語の名言や名文の面白さを身体ごと味わい、遊んでみようというものです。

　時代を超えて語り継がれる名言や名文には、その言葉を遺(のこ)した人の精神が込められています。これを継承するには、ただ文字のつながりとして読むだけなく、自分自身の身体を通してみないといけません。

　たとえば、武道では稽古(けいこ)をする前後に正座をして、「よろしくお願いします」「ありがとうございました」と言う習わしがあります。これは正座という身体行為とセットで言葉を口にすることで、その言葉が身体に流れ込み、武道をする人の精神性をつくっています。

　名文も、体ごと味わうことで、その名文を書いた人の精神性を、自分に流れ込ませることができます。たとえば次の文――

> 山路(やまみち)を登りながら、こう考えた。
> 智に働けば角が立つ。情に棹(さお)させば流される。意地を通せば窮屈(きゅうくつ)だ。とかくに人の世は住みにくい。

> 住みにくさが高じると、安い所へ引き越したくなる。どこへ越しても住みにくいと悟った時、詩が生れて、画（え）が出来る。
>
> 人の世を作ったものは神でもなければ鬼でもない。やはり向（むこ）う三軒両隣りにちらちらするただの人である。ただの人が作った人の世が住みにくいからとて、越す国はあるまい。あれば人でなしの国へ行くばかりだ。人でなしの国は人の世よりもなお住みにくかろう。
>
> 越す事のならぬ世が住みにくければ、住みにくい所をどれほどか、寛容（くつろげ）て、束（つか）の間の命を、束の間でも住みよくせねばならぬ。ここに詩人という天職が出来て、ここに画家という使命が降（くだ）る。あらゆる芸術の士は人の世を長閑（のどか）にし、人の心を豊かにするが故に尊い。

これは漱石の『草枕』の有名な冒頭の箇所ですが、この文や宮沢賢治の『雨ニモ負ケズ』などを暗唱して、身体に染み込ませるようにして覚えたとき、漱石や賢治の精神性を自分に取り入れることができるわけです。これは黙読しただけでは決してできないことです。

高校時代から考えていた、身体文化、精神文化を継承して人を育てるということをこうして実現できたとき、教育の道に進んでよかったと心から思いました。

教育も学びも「祝祭」である

振り返ると教育の道は、私にとって天職だったように思います。「教育」や「学び」の本義は、知的なことに刺激を受けながら暮らす喜びと通じています。

そもそも**私にとって学びや教育とは、祝祭、お祭りです。**

教育や学びをお祭りだと思う人は少ないかもしれません。教科書に書かれていることを覚え、テストの紙に書いて、点数がつくもの、そう思われているかもしれません。

しかし、ソクラテスの言葉として序章で紹介したように、知の始まりは驚きです。その驚きとは、「日常が揺り動かされる感覚によって盛り上がる」ことですから、実に祝祭的なものです。

太陽が地球の周りを回っていると信じられていた時代に、本当は地球が太陽の周りを回っていることを発見した人たちは、それまで信じていた常識が突き崩される感覚を覚えて興奮し、盛り上がったことでしょう。

「知る」「学ぶ」という行為には、そうした非日常性が本質的にともなうものですから、知識を授ける授業で盛り上がれないはずがありません。

にもかかわらず、学校の授業がつまらないように感じる人が多いのは、教科書の内容をただ右から左へ伝達するだけの授業になっているからです。これでは、冷凍食品をそのまま食べさせられているようなものです。教師の役目は、それを解凍して温めてあげたり、ちょっとした味付けを加えたりして、生徒たちに食品のおいしさを知ってもらうことにあります。

ですから私の授業では、先が読めないようにすることも含め、盛り上がる、ということを何よりも大事にしています。「へー！」「うそでしょ⁉」という感動がエネルギーになって、教室に充満する。そうした祝祭的な学びや教育のあり方が、私にとっての理想であり、「当たり前」なのです。

教え子の背後には、50万人の未来の子どもたちがいる

教員として特にやりがいを感じられるのは、教職課程での指導を通じて、将来は中学・高校の先生になることを目指す学生たちに、学問や生き方について教えられることです。

明治大学の教職課程で私が1年間に教える学生は、300人以上です。この課程を履(り)

修した学生全員が学校の先生になるわけではありませんが、そのうちの50人ほどは教師の道に進みます。

そして彼らが教師になった場合、年間250人ほどの生徒に授業を行うことになります（中学や高校の場合、このくらいの生徒数はごく普通です）。仮に彼らが定年まで40年間教壇に立ち続けた場合、指導する生徒の数は累計で1万人に上ります。

これらをかけ合わせると、（1年に指導する学生のうち教師になる人数）50人×（その人が将来にわたって教える生徒数）1万人で、50万人です。つまり私は、**大学の教職課程で教えることで、毎年、50万人の未来の中高生に対して間接的に教えている**ことになります。いわば、その50万人と私は、「知」を分かち合っている計算になるわけです。

あるいは中高の授業を劇団の公演、生徒たちを観客とみなすと、教師は週に何度も公演（授業）をしていますから、1人あたり100回以上ともなれば、その観客（生徒）動員数は、40年間の延人数で100万人超というとんでもない数字になります。

これらはただの計算上の数字ですが、教育が持つダイナミックさを感じずにはいられません。そのようなことを考えているせいで、私は1回1回の授業をするたびに興奮を止められなくなってしまうのです。

もちろん教職課程を履修する学生たちの中には、先生ではない別の進路を選ぶ人もたくさんいるわけですが、そうした卒業生もそれぞれの分野で頑張ってくれています。

以前出演した『オールスター感謝祭』という番組で、お笑いコンビ「阿佐ヶ谷姉妹」のお姉さんである渡辺江里子さんと共演したのですが、収録後、彼女から「先生」と声をかけられました。

私は以前から『ゴッドタン』などのバラエティ番組を通じて、阿佐ヶ谷姉妹のコントをよく観ていて、彼女たちの大ファンでした。親しく話せる機会が得られたのが嬉しく、自分がファンであることも話したところ、「いえ、先生。私は先生の授業を受けていたんです」と言われ、ビックリしてしまいました。なんでも渡辺さんは、明治大学在学中に国語科の先生になるためのコースを履修していて、その授業の飲み会にも参加してくれたことがあったそうです。

教え子が卒業後に進んだ分野で、それぞれに頑張ってくれているのを見るのは本当に励みになるものです。

それは、私が培(つちか)ってきた知的教養が、学校という場を超えて受け継がれていくことにほかならないからです。

実力よりも「チャンス」で人生は左右されるという現実

もっとも、たくさんいる卒業生の中には、なかなかふさわしい活躍の場を得られずに悶々（もんもん）としている人もいますし、この本を読んでくれている読者の中にも、そうした人はきっといると思います。中には「自分はもうこの程度」と諦め、自己卑下に陥ってしまっている人もいるかもしれません。

多くの卒業生たちを見守ってきた中で、**人生というものがいかに「チャンス」によって左右されるものであるか**を実感します。私自身、こうして教育者として幸せな道を歩めたのも、大学に就職するチャンスに恵まれたからでしょう。

どの分野でも、成功するのに必要な最低限の実力のラインというものはありますが、その基準をクリアしている人同士の争いになった場合は、もらえるチャンスの数やチャンスとの出会いやすさで、成功確率は相当変わってきます。

第一章で「親ガチャ」という言葉を出しましたが、やはり「二世議員」や「二世俳優」、あるいは同族経営の会社の跡取りなど、「二世」の立場にいる人が、ものすごく幸運であることは間違いないでしょう。

普通の人が役者になろうとする場合、まず劇団や俳優養成所に所属して演技力を磨き、小さな舞台に立ちながら何年もチャンスが来るのを待つ、ということは珍しくありません。ところが、芸能人の二世として生まれついた人であれば、周囲から「やってみなよ」とオファーをもらえて、気軽にチャレンジすることができます。

やってみた結果が良ければ、「おお、いけるね！」「さすがは○○さんの子どもなだけあるね」といった評価を得ることもあるでしょう。しかし、仮に結果が良かったとしても、その役、その仕事が、その人でなければ務まらなかったかというと、実はそうでもない気がします。

競争が激しい実力主義の業界があったとしても、少なくともその世界の入口まで連れて行ってもらえるゴールデンチケットを持っている人と、その入口に立つまでに何年もかけなければたどり着けない人とでは、条件がまったく違います。しかし、入口にたどり着くのが難しい人たちも、実際に入口をくぐってしまえば、たいていの場合はしっかり務まるのではないかと思います。

私がそう考えるのは、これまで教えてきた卒業生たちの顔を浮かべてみても、人気のある入りづらい業界で活躍している人と、希望の業界に入れなかった人との間に、それほど根源的な差があったようには思えないからです。

たとえばアナウンサーという仕事は、きわめて専門性が高い、競争率の高い仕事なので、私の教え子でも就いた人は数人しかいません。しかし、そんな難しい仕事であっても、「彼や彼女がなれたなら、この学生も、あるいはあの学生もなれるかな」と思えるケースが、ままあります。

もちろん、これがプロスポーツのような超実力本位で行われている世界であれば、その競争は本当に類稀（たぐいまれ）な素質の持ち主でなければ生き残ることができません。往年の名選手の子どもでも、プロでは通用しなかった、プロになれなかったという例のほうが、圧倒的に多いでしょう。

ただ、そうした超特殊な世界ではない限り、チャンスさえもらえたら、誰でも地道に頑張っていくことで、それなりの成果は出せるのではないかと思います。

だからこそ、やってきたチャンスをどうつかまえるかは、人生において非常に重要になります。

きっかけをつかむには、「代役」になれるほど備える

それでは、やってきたチャンスをつかむには、どうすればよいのか。まずは、**いつチャンスが来ても大丈夫なように準備しておくことが必要でしょう。**

たとえば先ほどの役者の例でいえば、売れない時期に演じられる役の引き出しを増やしておき、どんな役を振られても自分はできるという自信をつけておくことです。役者の世界には、中年になってからでも、脇役での出演から急に活躍の場を広げる人がいます。そうした人たちは、きっと無名の時期にも引き出しをつくっていた方々だろうと思います。

あるいは将来的に本を書きたいのであれば、書きたい本の企画をたくさん書き溜めておくことです。私自身も、本を出すときにはタイトルも章立ても、頭の中ですでに仕上がっていることがほとんどです。実際には、溜めていたものをそのまま出すわけではないにせよ、「いざというときが来たら、自分はこれをやる！」というイメージがあると、溜めの時期の苦しさにも耐えやすくなります。

世界の巨匠・黒澤明も助監督時代、毎日最低1本は絵コンテなり脚本のアイデアなりを書いていて、外で酒を飲んで帰った日にも、そのノルマをこなしていたそうです。その努

力が実って助監督から監督に昇格しますが、監督になってからも同じノルマを自分に課し続けます。それは、映画業界全体が斜陽化する中で、完璧主義を貫いたあまりになかなか作品を撮らせてもらえなくなった60代以降の時期にも続けていたそうです。

黒澤明ほどの巨匠でも困難な時期はあるのですから、他の芸術家でも、一般の人でも、困難な時期、不遇な時期があるのは当然です。

しかし、そんなときでも、どこで誰が見ているかはわかりませんし、いつ声がかかるかもわかりません。

その、いざというときがいつ来ようと、常に対応できるように準備をしておくことは間違いなくプラスになります。準備すること自体が、困難を乗り越える原動力にもなります。

劇団の公演でメインのキャストがアクシデントで出演できなくなり、代役を探さなければいけなくなったときに、端役の女優さんが台本を読み込んで暗記していて、主役のセリフも頭に入っていたので抜擢(ばってき)された――というのは、演劇を題材にした漫画やドラマなどでよくあるパターンです。

それはあくまでフィクションにしても、同じように、それまである仕事をレギュラーで務めていた人が休んだときに、代理で入り込んだ人がその仕事ぶりを評価され、そのままその仕事をモノにしてしまう、というのは、現実社会でもあることです。**こうやって仕事をゲットする力を、私は「代理力」と呼んでいます。**

鉄鋼王のアンドリュー・カーネギーも、チャンスをつかんだのは、この「代理力」からだったと自伝に書いています。少年のころから成功するためにはどうすればいいのかを考えていたカーネギーは、周りの様子を見て、働いていた電信局で誰かが休んだときに、その人の仕事を代わりに引き受けるようにしていたそうです。

これは裏返せば、仕事を得ている人にとって、今の立場を後進に奪われないためには絶対に休まないのが鉄則だということにもなります。休んでしまえば、その間に別の人が代理として仕事を引き受け、その人の仕事のほうが評価されてしまうかもしれません。

普通の会社員の場合、芸能人のような飛躍的な「ブレイク」は当てはまらないかもしれませんが、それでも不遇な時期を、力を蓄える「溜めの時期」にするべきでしょう。

たとえば、自分では向いていないと思うような業務を割り当てられ、不満を感じているときも、「こんなことは俺の仕事じゃない」と思わずにしっかりと仕事に取り組んでいれば、誰かはその人の仕事ぶりを見てくれています。そこで評価を得れば、自分は別の部署でやりたいという希望も聞いてもらえるかもしれません。

重要なのは、チャンスが来たときに備えて、溜めの時期に自分の引き出しを増やしておくことです。目をかけてくれた人に「企画があるなら出してみてよ」と言われて、20個でも30個でも出せるようにしておく。そのくらいの勢いがあっていいのです。

「当事者意識」があれば、「受け身」にはなりようがない

溜めの時期に「代理力」を鍛えておこうとすると、必然的に受け身ではいられなくなります。

私は浪人して大学に入ったので、大学合格時点で教養に対する飢餓（きが）感が募りに募っていました。受験勉強中は我慢していた、自分の思いのままに様々な分野のことを学び、教養を吸収したいという欲求にあふれていました。

だから、大学入学前の春休みには、友人と二人で教養のための合宿まで行いました。学部をすっ飛ばして、大学院受験用の参考書を入手し、その参考書の要点を整理するためのカードまで大量につくって、二人で読み漁（あさ）ったものです。合宿の最初の4日間で、心理学の基礎的な勉強を終わらせ、次の4日間で社会学をマスターする。そういった勉強をひたすらこなしました。

おかげで大学入学時点でも、かなりの知識が身についていました。私が入学した東京大学では、一年生はまず全員、教養学部の授業を受けます。そこで私は、教養学部で教えてくれる先生たちの講義を「自分がこの先生のように話せるか」という視点で受けていました。

教養学部には、有名な社会学者の見田宗介（みたむねすけ）先生などもいて、そのレベルの講義ができるとはさすがに思えませんでしたが、生意気ながら「この先生の講義であれば、自分にもできるな」と思える先生もいました。

ひねくれていたわけではなく、「来週の講義では、先生は休んでいてください。私が代わりにやります！」と言えるレベルに達しようと、そういう意識で講義を受けていたわけです。そうしたいわば「当事者意識」を持つことで、何百人もの学生が集う大教室での講義であっても、受け身にならずに緊張感を持って集中することができます。

この「先生の立場になれるかどうかを考えながら聞く」というのは、大学生におすすめです。社会人でも、上司や先輩の立場になれるかどうかを想像しながら働いてみてはどうでしょうか。

第三章

何にも侵されない「精神の王国」をつくる

誰にも侵されない「精神の王国」を持とう

前章で述べたように、私は30代前半まで、定職に就いていませんでした。ちょうどバブルの真っ盛りの時期でしたが、私自身はその狂騒に背を向け、いずれ自分の考える教育を実現したいという野心を抱えながら暮らしていました。何しろ収入がありませんから、大きな焦りも感じていました。

そうしたとき、人は腐ってしまったり、心が傷んで荒れてしまったりします。私の場合は、**自分自身の中に「精神の王国」をつくることが、救いとなっていました。**

お金が入ってこないという現実はあるにせよ、精神という広大な領域においては、学問をし、教養を身につけることで、自分自身がその世界の王でいられると実感できていたのです。

紀元前300年ごろ、ギリシャにディオゲネスという、有名ではあるけれど、酒樽を住処としている、いわばホームレスのような生活を送る哲学者が住んでいました。プルタルコス『英雄伝』には、当時のギリシャ世界の支配者であるアレクサンドロス大王が、このディオゲネスに会いに行った際の逸話が書かれています。

アレクサンドロス大王が訪ねて行った先で、ディオゲネスは日向(ひなた)ぼっこをしていました。「私は大王のアレクサンドロスだ」と名乗り、「私に何かしてほしいことはあるか」と尋ねると、ただ一言、ディオゲネスは「あなたにそこに立たれると日陰になるから、どいてください」と答えたといいます。帰途、アレクサンドロス大王は、「私がもしアレクサンドロスでなかったら、ディオゲネスになりたい」とまでつぶやいたといわれます。

哲学者として、自分自身の心に無限の王国を築いていたディオゲネスからすれば、アレクサンドロス大王がどれほど広大な領土を持ち、絶大な富・権力を握っていようと関係なく、羨む気持ちなどまったくなかったのでしょう。精神的な豊かさが、いかに充足感をもたらすかを示す逸話です。

もちろん、お金はある程度あったほうがいいですし、若いころの私のように無収入となると、つらいこともあります。しかし、**学問をし、古今の教養に触れることで得られる満足感は、お金にはとうてい代えがたいものなのです。**

『カラマーゾフの兄弟』のような名作を読むことでできる文豪との精神的対話は、人が人生において経験できる喜びの中でも最上級のものです。その喜びを得られるかどうかは、お金の有無とは関係ありません。『カラマーゾフの兄弟』そのものは、たとえ貧乏学生でも入手できるものですが、これを読み通すことで得られる感動は、お金があれば得られるものではないからです。

私は苦しさを感じていた時期でも、その精神の王国だけは誰にも侵されることはありませんでした。むしろこの神聖な領域を、自分の精神の中にさらに深く、広く拡大していくことを、学び続けるモチベーションにしていました。

「精神の王国」といっても、そこで対話する相手が自分自身だけでは、同じことを頭の中でグルグルと悩み続けるだけになってしまうかもしれません。それは健全ではありませんし、場合によっては鬱々（うつうつ）としてくるばかりで、ノイローゼになってしまうでしょう。

しかし、そこにゲーテやニーチェ、ドストエフスキーなど、古今東西の偉大な哲学者や文豪たちを呼び寄せることができるなら、むしろ多様性が担保された世界となります。そこでの思考は、自分よりもはるかに優れた人たち、それも場所も時代も超えた多様な人たちと一緒に考えることになります。

そうやって「精神の王国」をつくることができれば、一箇所で思い悩むのではなく、自分の現在地とは違うところに、導いてもらうことができるはずです。

本との出会いは、人格との出会い

現代では、本当に多種多様な情報をインターネットで得ることができるので、あえて本という形態でインプットする必要性を感じていない人も多いかもしれません。しかし、本を読むということは、体系化された知識を自分の中に取り込むのと同時に、人の話をじっくり聞くという行為でもあります。

人間は飽きっぽいので、一人の著者による話を何百ページ分もじっくりと聞くのは、なかなか大変なことです。そこでは、ある種の忍耐力を要求されます。

裏を返せば、粘りのない人は本が読めませんし、**本を読むという行為は、そうした飽きっぽい人間性を陶冶し、精神の粘り強さを養うもの**でもあります。

以前、少年院で非行少年たちの指導をしている方からうかがった話ですが、少年院に送られてくる子の多くは本を読むことができず、漫画ですら絵だけを見て、フキダシの中のセリフや説明は飛ばしてしまう少年もいるそうです。

しかし、そうした子どもたちでも粘り強く指導していると、だんだんと本の面白さに気づいて読めるようになり、日記も書けるようになって、やがては人間性そのものも変わっていくのだと聞きました。

永山則夫(ながやまのりお)という人が書いた『無知の涙』(河出文庫)という本をご存じでしょうか。永山は1968年10月から11月にかけて、盗んだ拳銃(けんじゅう)を使って警備員やタクシー運転手など、特に恨みがあったわけでもない4人の人を次々に射殺した、通称「連続ピストル射殺事件」を起こし、翌69年に逮捕された人物です。

崩壊した家庭に育ち、育児放棄に近い状態でかろうじて成長した永山は、事件を起こして逮捕された19歳の時点では、精神的に荒みきった状態でした。ところが、刑務所に服役している間に読書の習慣を身につけたことで、初めて自分がいかに無知であったかを悟って深く後悔し、獄中で自伝的な小説まで書くようになります。

『無知の涙』はそうして書かれた永山の代表作であり、1997年に永山が絞首刑になった後も、彼の思いを現在に伝えています。

単に知識や情報を得るだけなら本ではなく、インターネットでもできるでしょう。しかし、本を読むことは、それを読んだ人の精神に確実に影響をおよぼします。少なくとも殺人犯を改悛(かいしゅん)させるほどの力は、ネット情報にはないのではないでしょうか。

心の中に尊敬する「人物像」を住まわせる

また1冊の本との出会いは、一つの新しい人格との出会いのようなものでもあります。

かつての日本では、孔子の『論語』は教養の柱であり、江戸時代には文字を読める人であれば、誰もが内容を知っているという国民的教科書でした。

寺子屋で子どもに読ませていた教科書である『童子教』や、庶民向けの教訓をまとめた『実語教』も、『論語』がベースになっています。『論語』の文を暗唱するところから、当時の学問は始まりました。

ただ、『論語』を実際に学んだ日本人の印象に残ったのは、一つひとつの教えの内容以上に、孔子の人物像や、孔子が弟子たちと言葉を交わしたやり取りのほうかもしれません。

『論語』を一つの物語として、『次郎物語』などで有名な児童文学者・下村湖人が『論語物語』という作品にしています。もともとの『論語』は、孔子が生前に話した内容を弟子たちが編纂したものなので、雑多な印象を受けますが、『論語物語』の場合はストーリーになっていて、子どもが読んでも内容がスッと頭に入って来ます。

孔子が病気になった弟子を憐れみ、「彼のような人がこんな目に遭おうとは！」と同情する場面もあれば、他のある弟子が孔子の教えを実践できなくて悩み、「先生がおっしゃることは頭ではわかりますが、私にはなかなか実行できません」と打ち明けたのに対して、孔子が「いま、汝は画れり（今、お前は限界を自分で設定してしまっている。それがいちばん良くないことなのだ）」とたしなめたエピソードが描かれたりと、『論語』に基づいた物語が展開します。

ただのバラバラの言葉ではなく、このような物語にしてくれているおかげで、孔子の人間的大きさが、人物像としてしっかり伝わり、読者はその人間性の一部を自分の中に住まわせることが容易になるわけです。

一人の人間の人格は、その人が自分一人でつくるものではなく、両親やお世話になった先生など、その人が自分の中にどれだけの人物を住まわせるかによって変わってきます。その人物というのは、本で出会った人物も含みます。尊敬する人物が生まれるたびに、その一部が自分になってくる感覚です。

たとえば高知県出身の人というのは、坂本龍馬がいくぶんか入っている面があるのではないでしょうか。坂本龍馬が郷士の英雄だと思うと、それだけのことでも龍馬の人格の一部が自分の中に入ってくる感じがあります。それがアイデンティティ、つまり自己同一性であり、自己の存在証明になっていきます。

私の知り合いの女性にも、土方歳三が好きなあまり、土方を自分の精神に住まわせてしまっている人がいます。土方の場合、戦い続けた末に戦死した人なので、現代人が土方の生き方をそのままなぞるべきではないかもしれませんが、本で知った尊敬する人物像が心の中に住んでいる状態というのは、間違いなくその人のメンタルを強くしてくれる面があるはずです。

読書による共感は、寂しさを打ち消す

そういう意味では私も、10代、20代のころから、心の中に住む他者の知性に支えられて生きている感覚をずっと持ち続けてきました。そのせいか、寂しさというものを感じないところがあります。

「寂しさ」とは何かと考えたとき、根源的には「感情を分かち合う人がいない」ということではないでしょうか。

その点、**本を読んで何か深く共感できる瞬間があれば、それは著者と感情を分かち合っていることになります。**

だから、たとえば太宰治の本を読んで共感しているとき、読者である私たちは、太宰治の感情に共感するとともに、自分が言葉にできなかった感情を太宰治が代弁してくれているように感じるのです。

『人間失格』を読んで、『人間失格』の主人公・葉蔵（ようぞう）のような生活を送るわけではなくても、自分に相通じるところを感じられたら、そこで共感し合える。自分の隠れていた感情を揺り動かしてくれるような作品に出会うことで、寂しさが消えていく。

太宰は寂しさを抱え、だからこそ最後は入水（じゅすい）自殺してしまったのかもしれませんが、その寂しさで無数の読者の寂しさを救ってくれたのだと考えれば、作家という存在は、自分自身の不幸と引き換えにでも世の人を救済しているのかもしれません。

いずれにしても知的生活を送ることのモチベーションの一つは、他者との精神の深い部分での共感、ということにもあると思います。

「同時代性」を共有できる相手

他者との共感という点では、知的な話題を語り合える友達が数人、二人でも三人でもいると、人生はまったく違ってきます。

私の場合は、中学校からの友人とたまたまそういう関係になることができました。彼とは大学時代も同じ町に住んでいたので、毎日のように3時間、5時間と話をし、映画を観たり、本を読んだりするたびに、意見を交わし合っていました。

思えば本を読むだけで終わるのでなく、それについて話をする相手がいたことが、私にとって、さらに多くの本を読もうとする意欲につながっていたと感じます。

人によっては、知的な話題を共有できる相手が身近なところにいない人もいると思いますが、インターネットはこうした状況における非常に便利なツールです。クラスの中で自分以外には読んでいる人がいないような本でも、ネットの読書コミュニティで書名を検索してみると、必ず他の誰かが感想を書いていて、中には思わず感心してしまうような意見もあります。

私も映画を観た後に、そのタイトルで検索することがよくありますが、どんなに古いマイナーな映画でも、必ず誰かが感想を書いて載せているので驚かされます。

こうした空間があることで、誰でも同時代の人たち、場合によっては外国の人とも意見を交換することができ、孤独感を和(やわ)らげてくれる。その点では、現代はかなり便利な時代ですし、インターネットはうまく使いたいものです。

「知性へのあこがれ」がモチベーションになる

現代は若い人たちの間で、知性に対するあこがれが昔より薄れている時代だとよく言われます。ただ私自身が10代、20代だったころを振り返っても、誰しもが知的な興味・関心を持って生きていたかというと、必ずしもそういうわけではありませんでした。一人ひとりを見ると、そうでない人はたくさんいたのも事実です。

では、現代と昔との違いがどこにあるかといえば、第一章で詳しく見てきたように、知性や教養を尊重し、教養人をリスペクトする空気が社会の中にまだあった、ということに尽きるような気がします。

その知性や教養は、本によって象徴されていました。本を読むことが知的な行いであることを否定する人はいませんでしたし、その本を書く人は、知の最終地点に到達したかのように考えられていたのです。そのため、知性というものは、本を軸として磨くべきだという考え方が社会に定着していました。

だから私も若いころは、毎年の年始めに「今年は何冊読もう」と目標設定したり、本棚を1年に1個ずつ増やすことを目標にしたりしながら本を読んでいました。天井まであるそれなりの高さも横幅もある本棚だと、200～300冊は入りますから、これを埋めるには必然的に毎日読まなければいけません。そういう生活を自分に課すことで、教養を身につけようとしていました。

ところが現代では、**本を読む人が減ってしまったことで、知性を高めていくための中心軸としての本の位置づけがずれ、映像やSNSと等価値・等距離の存在になってしまった**という印象があります。

序章でも書きましたが、最近は日本で、特に世界文学があまり読まれなくなっているようです。そのことに、私は知性の衰退を感じます。

たしかに私自身、学生と接していても、「好きな小説は何?」と尋ねて返ってくるのは、多くが現代の日本の作家が書いている小説です。もちろん日本の現代作家にも素晴らしい作品はたくさんありますし、それを読むことが悪いわけではまったくありません。

しかし、私は知性というものは常に世界を基準に追求されるべきと考えています。

かつての日本では、文系・理系に関係なく若者たちが優れた文学作品を読むことで教養を高めようとし、庶民の家庭でも本棚に「世界文学全集」が置かれることが珍しくなかった時代が長くありました。

本がどれほど知性を象徴する意味合いを持っていたかは、このことでも示されていますね。特に世界文学は、その人の教養の有無を測定する基準のような存在だったわけです。実際にその家の子を知的に育てた面もありました。私と同世代の作家や研究者の中には、幼少時から家にあった文学全集や百科事典を暇さえあれば読んでいた、それが後々役に立ったという人がかなりたくさんいます。

ドストエフスキーやトルストイらに代表されるロシア文学は、日本でいちばん人気があると言われていた時期もありますし、実際にプロレタリア文学や自然主義など近代日本の文学運動の多くは、ロシア文学の影響から起こりました。ゲーテにしても、熱心なファンがいちばん多い国は、実は日本ではないかという話があります。

私自身も、小学生時代に読んでいた少年少女向けの世界文学全集の影響は、かなり受けていました。『三銃士』『小公女』、あるいは『ハムレット』『ベニスの商人』といったシェークスピア戯曲の代表作などは、中学に上がる前に一通り読んでいました。

動画ではなく、「活字」が想像力を養う

小学生時代に読んでいた世界文学の中で、特に印象に残っているのは、トルストイの

『復活』です。この作品は主人公である貴族が、自分が若いころに弄んで捨てた女性カチューシャが、彼の子どもを産んでいて、しかも生活苦から娼婦となって殺人まで犯していたと知ったことで、罪の意識に目覚め、償いのために奔走するという話です。

小学生向けにしては長く内容も大人びた小説ですが、当時の私はこれを読みながら、不思議なくらい引き込まれていきました。それはまだ自分が行ったこともないロシアの、それもトルストイが生きた19世紀・帝政ロシア時代の空気を感じられたからです。

未知の世界を、活字だけを材料に想像して読んでいくので、私の頭の中には私だけの作品世界が出来上がります。これは同じストーリーでも、映画で観るのとは異なる体験です。

映像だと想像しなくて済むぶん、作品世界をそのまま受け取ることになります。これが性的なものだと、感覚が麻痺してしまうことがあるようです。

2021年12月には、アメリカの人気歌手ビリー・アイリッシュさんが幼少期のポルノ視聴体験について告白し、「(11歳からポルノを観ていたことが)私の脳を破壊したと思う。多くのポルノにさらされたことで信じられないほど気持ちが荒んだ」「(観ているうちにポルノの内容が)暴力的でなければ見られないようになっていった。魅力を感じなくなっていた」と語ったことが話題になりました。

同じ性的な内容でも、活字で描かれた官能小説ならば、全部自分の頭の中で思い描くしかありませんから、それよりは安全だといえます。

以前、『メガネびいき』というラジオ番組で、おぎやはぎの小木博明さんが、「自分は活字エロだから、動画エロの奴らとは鍛え方が違う」といったことを語っていました。ジョークではありますが、それを聴いたときに私は思わず、「なるほど」とうなずきました。

実際に**活字を読んでいるときと、動画を観ているときとでは、脳の前頭葉の活性化の度合いがまったく違う**ということが、「脳トレ」を開発した川島隆太先生の研究でも立証されています。

同じ研究によると、黙読より音読するほうがより働き、活字に挿絵が少しだけ描かれているくらいが最も前頭葉を刺激するそうです。いずれにしても、文字だけで書かれた本を材料に、想像の力だけで別世界に行けるという人間の能力はすごいものです。天から人間だけに与えられた贈り物というほかありません。

活字が動画に完全に取って代わられるのであれば、人間はこの素晴らしい能力を眠らせることになってしまいます。

小説を読むとき、人は頭の中で映画を撮っている

YouTubeやNetflixの世界的な隆盛は、人類がいかに動画好きであるかを示しました。活字だけを読むという行為は、ほとんどの人にとっては退屈で疲れることだからでしょう。

なぜ退屈なのかというと、活字から物語や情報を汲み取るには想像しなくてはいけないので、想像力がない人にとって活字は単なる文字の羅列にしか見えないからです。

読書は、想像力で補うことを強いられる、本来的には大変な作業です。しかし、ラッセルが『幸福論』でも書いているように、**退屈でつらいものによってこそ、人間の力は育てられます。**クリエイティブな力にしても、退屈を乗り越えたところで初めて身につくものです。私の造語でいえば、「退屈力」が人を育てるのです。

現代ではメディアを選択する際の基準が、「面白いか、面白くないか」だけになっていますが、面白くても受け身では力がつきません。

ある物語を読者として楽しむためには、想像力に頼らなくてはいけません。そしてその際に働かせる想像は、いってみれば私たち一人ひとりが映画監督になって映画を撮るようなものです。

小説が映画化される際に、読者から不満の声があがりやすいのも、頭の中ですでに自分が監督してしまっているからです。小説を読みながら、登場人物たちに対して自分なりのキャスティングをし、頭の中のカメラを駆使してフレーミングを行っているからです。

同じことを、私たちは漫画を読むときにも行っています。漫画という表現は、コマとコマの連続なので、その間をつなぐものは描かれていません。そのため、読者は行間ならぬ「コマ間」を埋めようとして、意識せずともキャラクターの動作や表情を頭の中で補完し、彼らの声についても自分なりのイメージを持って頭の中で響かせています。

だからその作品がアニメ化され、声優が配役されると、「この声は違う」といった不満を感じるファンが多いわけですね（ましてや漫画が実写化されたときのファンの拒否反応たるや……）。

だから、読書が「受け身の行為である」という指摘は大間違いです。

たとえごく短い小説、たとえば芥川龍之介の『羅生門』でも、読者は作品舞台の情景描写から、羅生門の「大きな円柱」にとまっている「蟋蟀（きりぎりす）」の形状、主人公の「下人」が面皰（にきび）を触っている場面、死体から髪の毛を抜く「老婆の表情」まで、映像として思い浮かべています。

そうして思い浮かべた映像に、作者が紡いだ言葉、たとえば下人が老婆から着物を奪い去る際に口走る「では、己が引剝をしようと恨むまいな。己もそうしなければ、饑死をする体なのだ」というセリフを当てはめていくのですから、この時点で一つの創作が結実しています。よくよく考えれば、なんとクリエイティブなことでしょうか。

ですから、**読書はそれ自体が人間によって行われる最高度の知的活動であり、受動的どころか非常に能動性の高い行為**なのです。

アニメには想像する「余白」がない

私はアニメも好きでよく観ますが、**アニメという表現形態が、視聴者が想像力で補う部分がほぼないことは否定できません。**アニメの場合、キャラクターの動きは動画で表現され、声優が声をあて、音楽や効果音までついています。ここまでイメージとして完成していれば、視聴する人がそれ以外のこと、ありえたかもしれない別の作品を想像する余地はありません（もちろん、それをきっかけに、続編を自分でつくってみるとか、絵を描くとか、そのような二次創作を行うとなれば話は別です）。

そうした意味では、アニメよりも漫画のほうが好きだという人は、本人が意識的か無意識的かは別として、空白を埋める作業を楽しんでいるわけであり、実は相当にクリエイティブな素質を持っているということになります。

あらためて考えてみると、漫画は非常に面白い文化です。絵とセリフがセットで切り取られることで、一つのシーンとして頭の中に残りやすいので、鮮烈なシーンのセリフを多くの読者が引用できます。教養とは「引用力（引用できる力）」のことでもありますから、これはもう立派な教養ということになります。

これがアニメしか観ないということになると、鑑賞する側にとってはさすがにラクすぎます。しかしラクがしたい、退屈したくないという気持ちばかりが前面に出ると、人は知的なものをかみ砕く顎の力がどんどん弱くなっていきます。

『カラマーゾフの兄弟』のような作品は、最初は読みづらく退屈かもしれませんが、そのとっつきにくさ、硬さを乗り越えた先には、地中の鉱石を掘り当てたような興奮があります。読み終われば少なくない人が、「こんな面白い小説がこの世にあったのか」と心が震えるような思いを抱くはずです。

絵本がかきたてる想像力が、知性の翼になる

想像力は知性の土台になるものです。

積み木だって本来は退屈な遊び道具ですが、子どもがあれで退屈しないのは、子ども自身が相当な想像力で補っているからです。知性や想像力は不自由さを補うというところから出発するものなのです。

SF（空想科学小説）の開祖と呼ばれるジュール・ヴェルヌの『月世界旅行』や『地底旅行』『海底二万里』などの作品は、まだロケットも潜水艦も存在していなかった19世紀後半、ヴェルヌが月や海底に広がる世界を空想によって描いた作品です。

これらを読んだ子どもたちはヴェルヌの想像に刺激され、自分たちが想像した世界を絵に描いてきたものです。私もよく描いていました。そのように子どものころに刺激された想像力を、成長した後も知的な活動の土台にしてきたクリエイターは数多くいたでしょう。

逆に、幼いころからアニメだけを観て育つのは心配です。

アニメ界の巨匠である宮崎駿さんは、あるとき小さな子を持つお母さんから、「うちの子はジブリ作品が大好きで、『となりのトトロ』を何十回と繰り返し観ています」と言われ、

「そんなことをさせちゃだめだ」と叱ったことがあるそうです。

そのお母さんからすれば、なんの悪気もなく純粋にファンであることを伝えたかっただけなのでしょうが、宮崎さんにとっては、自分の作品だけを繰り返し観ることで子どもの想像力が育つのを阻害するのは、不本意でしかなかったのでしょう。

アニメという表現は、つくる側がすさまじい想像力を注ぎ込むのと裏腹に、観る側が想像力を働かせる余地が少ないことを、巨匠である宮崎さんであればこそ知り尽くしていたのだろうと思います。

その点で、**絵本は想像力を駆使する余地が多分にあります。**絵本の絵は動きませんし、声も出ませんから、幼児が絵本を読めば、その子の頭の中には空想の世界が広がっていきます。

私は子どものころ、『アリババと40人の盗賊』という絵本が大好きで、何度も繰り返し読んでいました。財宝を隠してある洞窟の扉を開くために、「ひらけゴマ」と言う場面だけでも興奮してしまい、何かにつけ「ひらけゴマ」と言っていたくらいです。

特に楽しかったのは、アリババの家に仕える召使いのモルジアナの活躍です。

アリババは盗賊団が盗んだ財宝を洞窟に隠しているのを発見し、その財宝を持ち帰って大金持ちになりますが、盗賊たちは財宝を持ち去ったのがアリババであると気づき、彼を殺すために彼の家を見つけ出して、その目印としてバツ印をつけて帰ります。

　しかし、そこでモルジアナが機転を利かせます。普通の発想ならバツ印を消すところですが、周りの家全部にバツ印をつけて盗賊を混乱させるのです。「すごい発想だ！　なんて頭がいいんだ！」と子どもながらに感動していました。

　さらにモルジアナは、アリババを夜襲するために盗賊たちが油壺（ゆつぼ）に隠れているのを知ると、その壺の中に煮えたぎった油を注いで皆殺しにしてしまいます。その後、盗賊の首領が宝石商人になりすまし、アリババが開いた宴会に紛（まぎ）れ込んでいることにもいち早く気づいたモルジアナは、お客さんに踊りを披露するという口実で短剣を手に持って舞い、踊りながら首領を刺殺してしまうのです。

　この残酷さも含めたケレン味のある描写が、どれも子ども心に魅力的で、いくら読んでも飽きませんでしたし、読むたびにアラビアンナイトの世界への想像を刺激されました。

　こうした想像力こそが知性の翼であるし、あらゆる知的な行為のベースは想像力です。

　想像力を育むのは、絵本に限りません。ソクラテスが何を言っていた、孔子が何を言っていた、といった古典の内容も、それらを読んで面白いと感じられるのは、読者自身が頭の中で想像力を働かせているからです。

『アリババと40人の盗賊』は童話、『ソクラテスの弁明』は哲学書と分類されます。しかし、前者でアラビアの世界を頭の中に思い描くことと、後者で古代アテネの裁判所で無実の罪を着せられたソクラテスが、論敵たちに向かって「私は何も知らないが『自分は知らない』ということは知っている。だからあなた方よりは賢いのだ」と弁明を行う場面を思い描くこととの間に、想像力としてはほとんど距離がありません。

どんな文章も、文章で書かれている以上は想像力で補っていくしかない部分は必ずあります。人はその空白を想像力で補おうとすることによって、知性・教養の道へとますます導かれていくのです。

どんな素人でもわかる「超一流」が持つすごさ

文学や映画、お笑いなど、あらゆるジャンルに関して言えることですが、その分野における**「最高のもの」に触れることも、知性を育てる最良の道です。**なぜなら最高のものは、それだけ多くの驚きをもたらしてくれるからです。

たとえばサッカーというスポーツは、技術的に奥が深いだけでなく、戦術面でも高度な頭脳戦が繰り広げられます。世界中に一流選手がいますが、その中でも超一流であるリオネル・メッシ選手のファンになることで、私はサッカーに関する理解をずいぶんと深めることができました。

メッシに関しては、彼の爆発的な得点力ばかりに注目が集まりますが、シュート部分だけを見ていても、彼の才能の全体像を理解したことにはなりません。メッシのすごさの一つに、ピッチ上における「卓越した視野の広さ」があります。

メッシは基本的にフォワード、前線を持ち場としている選手ですが、彼は試合展開を読んでは頻繁（ひんぱん）に中盤まで降りてきて、抜群のキープ力でボールを保持し、味方が前線に上がる時間をつくり出します。ここから味方にパスを預け、ふたたび自分もペナルティエリア付近まで駆け上がってゴールを決めるのが、メッシの十八番の得点パターンです。

ところが、中盤の深い位置にとどまったまま、そこから前線へ目のさめるようなロングパスを通すこともあります。私はメッシのプレーの中でも、彼の天性の視野の広さを活かしたこのロングパスが大好きなのです。

フィールド上の、50メートル以上離れたスペースに味方が走り込む動きが、メッシには見えていて、そこに正確な技術でピタリとパスを通せる。このすごさたるや！

最高の選手であるメッシのプレーを観ていると、まさに驚きの連続であり、彼のプレーに驚くたびに、サッカーに対する知的好奇心が刺激され、技術や戦術の部分にも詳しくなっていきます（本当なら、私と同い年であるマラドーナの超絶的能力についても語りたいところですが、止まらなくなるので控えます）。

メッシのプレーに代表される**「最高のもの」の何がいいかというと、「ド素人でもわかる」ということです。**

普通のプレーを見ているだけでは、素人にはそのプレーの何がすごいのかよくわからないでしょう。その点、メッシの50メートル級ロングパスや、マイケル・ジョーダンの空中を歩くように決めるダンクシュートは、そのすごさがサッカーやバスケをやったことがない人にでも、問答無用で伝わります。「驚異的」という言葉がありますが、まさに素人をも驚かせる力があるのです。

超一流のものを見れば、驚くことができ、驚くことができれば、そこから好奇心が刺激されて、自然とその分野を学びたいという気持ちが生まれます。だから、「最高のもの」に触れることは、知性を育ててくれる、というわけです。

クラシック音楽はヒット曲の宝庫

音楽についても、超一流のすごさがあります。たとえばクラシック音楽というと、人によっては退屈なものだと考えているかもしれません。

しかし、古典的な名著がそうであるように、クラシック音楽は長い歴史の中で、演奏され続けてきた名曲ばかりです、たとえば私は、ヴィバルディのヴァイオリン協奏曲『四季』の第2番「夏」の第3楽章を聴くと、思わず「カッコいい」と興奮してしまいます。

曲名だけでは思い浮かばなくても実際に曲を聴けば、おそらく誰でも聴いたことがあるとわかるでしょう。そこには、クラシックに興味がない人でも、聴いた瞬間に「カッコいい」と思わせる力があります。

あるいは、モーツァルトの交響曲第25番も、そうした曲の一つだと思います。こちらは『アウト×デラックス』というテレビ番組で効果的に使われています。

考えてみると、**クラシックという音楽ジャンルは、実はジャズやポップス、ロックなどよりはるかに多くの「ヒット曲」がある**という見方もできます。曲名は知らなくても、テレビ番組やCMで効果的に使われていて、聴いた瞬間に「あ、あの曲だ」と意識する曲が実はたくさんありますし、ときには大胆なアレンジをほどこされながら流通し続けています。

「運命」という通称で知られているベートーベンの交響曲第5番は、曲名だけでもどの曲かわかる人が多いと思います。この曲のすごさは、第1楽章のほとんどの部分を「ジャジャジャジャーン♪」という、あの有名なフレーズの反復だけで構成しているにもかかわらず、力押しで聴かせてしまうことです。あのフレーズにはそれだけの決定的な力があり、永遠に誰も乗り越えられない感じさえあります。

ワンフレーズだけでも曲の力がわかるという意味では、いきものがかりの『ありがとう』という曲も、これに似た例かもしれません。この曲の歌い出し部分、「ありがとう〜♪」は、音符に起こすと「ドレミファソ」になるのです。これは「コロンブスの卵」のような、最初にやった人勝ちの作曲手法でしょう。何気なく聴いていた人がその事実を知ったら、次に聴いたときには少し変わった印象で聴こえてくるかもしれません。

クラシックに限らず、現代のポピュラーソングにも、知性のきらめきがあります。YOASOBIが小説を題材に曲づくりしていたり、ヨルシカが『思想犯』という曲で尾崎放哉(おざきほうさい)の俳句にオマージュを捧げていたり、あるいはエレファントカシマシの宮本浩次(みやもとひろじ)さんは、『歴史』という曲の歌詞で、森鷗外(もりおうがい)やその小説『渋江抽斎(しぶえちゅうさい)』を出してきて、「凄味のある口語文は最高さ♪」と歌っていたりします。

クラシックが歴史の中で残ってきた名曲たちの宝庫なら、現代のポピュラーソングにも、脈々と受け継がれてきた歴史的な教養に支えられた、表現世界があるのですね。

解説・批評を読んで、見る目を肥やす

創作者の意図を理解することで、初めて得られる驚きというものもあります。それを知るには、プロの手による批評を読む必要があります。

先ほどの「運命」についての解説――「運命」のすごさは「ジャジャジャジャーン♪」のフレーズだけで一つの楽章をほとんど引っ張っていること――も、ある音楽評論家の方の解説を読んで知ったことです。私自身、以前からベートーベンは好きでしたが、この解説を読んでハッとさせられ、そこからますますベートーベンが好きになりました。批評を読むことで、初めて理解できるすごさというものもあります。

「批評」というと、偉そうに評価を下すような悪いイメージを持っている人も意外といますが、私は**専門家の批評を読むことは本当に重要だし、批評という行為には独立した価値があると**考えています。

卓球のナショナルチームの監督を長く務め、現在は世界選手権やオリンピックなど、大きな大会になると必ず解説者として登場する宮﨑義仁（よしひと）さんという方がいます。私は宮﨑さんの解説を聞いていると、卓球に対する好奇心がムクムクと沸きあがるのを感じます。

何しろ宮﨑さんが「次はロングだと思います」と予測すると、画面上の選手が本当にロングサーブを打ちます。「ここでタイムアウトを取るでしょうね」と言うと、本当に取る。

2021年夏の東京オリンピックでは、「ゴン攻め」など、独特の表現力でスケートボードの魅力を解説してくれた瀬尻稜（せじりりょう）さんのような解説者も脚光を浴びましたが、そうした解説者の批評や解説があることで、初めて見えてくるものがあります。

特に有名なのが、プロ野球のテレビ解説で野村克也さんがストライクゾーンを9分割する「野村スコープ」を使い、キャッチャーの配球について解説してくれたことでしょう。あの解説のおかげで、プロ野球ファンは試合を見るたびに配球の妙を意識するようになり、「まず初球で内角をえぐって打者の上体を起こしておくと、2球目のアウトコースのスライダーについていけない」ということを、ごく普通の野球ファンでさえ言うようになりました。

そうした新たな驚きの領域を解説者が切り開いてくれるおかげで、ファンも見る目が肥えていき、その分野における文化まで育っていきます。

日本人だからといって、身体能力の面で必ずしも野球に向いているわけではないでしょう。それでも日本人から優秀なメジャーリーガーがこれだけ育っているのは、日本において成熟した野球文化があり、批評の文化があることで、選手の水準も高めることができているからです。その環境の中で良い選手が輩出されれば、今度はそれが常識になっていくという積み重ねです。

プロの自作解説で、奥の奥まで知る

20世紀前半に活躍したスイスの抽象画家・パウル・クレーは、美術理論家としても有名で、彼の『造形思考』という著書は、ドイツ・ワイマールの芸術学校バウハウスで行っていた芸術理論の講義をまとめたものです。現在はちくま学芸文庫から上下巻で出ていますが、昔は新潮社から単行本として、かなり高い値段で刊行されていました。

私はこの本を大学時代に入手して、パウル・クレーの生徒になったつもりで読んでいました。「なるほど。カンバス上に打たれた一つの点が、作品全体の中でこんな力を発揮するのか」「斜線を引くと、観る人にこんな印象を与えることができるのか」といったように、点一つ、線一本が力だということをクレーに教えてもらったのです。

パウル・クレーの場合は、その知性の極地のような理論を構築しただけでなく、自ら創作することで実践もしていました。「説明する知性」と、「創作・実践する知性」を自分の中で統合するという、ある種の「知行合一」を実現していたわけです。

そんな高度な理論の実践であるパウル・クレーの作品は、単純に観ても楽しめますが、背景にある理論を理解したうえで鑑賞すれば、より深く楽しめます。

クレーにあまり馴染みのない方は、谷川俊太郎さんがクレーの絵に詩をつけた独創的な絵本『クレーの絵本』『クレーの天使』（ともに講談社）をご覧になってください。クレーが詩人の創造性をいかに刺激したかがわかります。

私は、制作者自身の解説を読んだり聞いたりするのが好きです。

スタジオジブリの宮崎駿監督作『もののけ姫』に関して、声の出演者である美輪明宏さんから、その演出に関する興味深い話をうかがったことがあります。

アフレコの際、美輪さんが宮崎監督に、「自分が演じているキャラクター・モロの君（森を守る山犬の神）と、森繁久彌さんが演じる乙事主（巨大な猪神たちの王）は、どういう関係なんですか？」と尋ねたそうです。すると宮崎さんは、「この二人は昔、ちょっとした恋仲だったんだ」と言われたとのお話でした。

これは劇中では描かれていないので、観客にはわからない、作者である宮崎さんしか知らないことですが、その裏設定を教えられたことで、美輪さんも深い納得感を持って演じることができたそうです。**優れた創作者は設定やキャラクター同士の関係性について、本当に奥の奥まで考え抜いてつくっている**ということをあらためて教えられました。

将棋のような世界でも、藤井聡太さんは、自分が対局中に打った手の一つひとつの意図について解説できるでしょう。将棋の場合、たいていは他の棋士が解説者を務めてくれるわけですが、その解説があるおかげで、エリート棋士の一手のすごみが素人にも理解できます。

感性は知性によって育つ

抽象画のような、一見いくらでも感覚的に見て構わないようなものでも、解説を聞くと聞かないのでは大違いです。ましてや歴史画ともなると、解説を通じて作者の意図を知らなければ、絵で表現されていることが読み取れず、完全には伝わってこないでしょう。

ドラクロワの『民衆を導く自由の女神』で描かれている民衆が、誰に対して銃を向けているのか。ピカソの『ゲルニカ』で描かれている人間や牛馬が、どうして苦悶の表情を浮かべているのか。最低限の西洋史を知らなければ、単に「なんとなく悲しそう」だと感じるだけで終わりかもしれません。

序章でも書きましたが、私は現代において、「純粋に楽しめ」という言葉が安易に使われすぎていると思います。「知識がありすぎると純粋に作品を楽しめない」「単なる知識の丸暗記では本質的なことは理解できない」と言っては、知性を敵視する傾向が強まりすぎていると思うのです。私はこれとは正反対で、むしろ知識をたくさん記憶しなければ何もわからないし、感じ取ることだってできないという立場です。

知性は感性を邪魔しませんし、むしろ感性を育てるものです。

ピカソがあの絵で描いたのが、スペイン内戦中の１９３７年4月26日に、ドイツ空軍がスペインの都市ゲルニカに対して行った無差別爆撃であること、その爆撃が人類史上初の無差別空爆であったこと。そういったことを知ったうえで鑑賞するから、絵から何かを感じ取れる。そして、２０２２年2月24日から起こったロシア軍によるウクライナ空爆に憤りを感じる。これが知性の力なのです。

知性を持つことができれば、スポーツ、芸術、お笑いなど様々な領域で驚きを感じ、想像力を膨らませ、さらにその世界の奥深さまで味わい続けていけます。そうなれば、人生は無限に楽しむことができます。「都市の空気は人を自由にする」という言葉がありますが、**知性は人を興奮させ、熱くさせるものなのです。**決して冷たいものではありません。

第四章

人との縁によって、「人格」が磨かれる

人格に影響をおよぼすような出会いを

現代は情報化社会であると言われますが、情報と教養とは別のものです。定義の仕方にもよりますが、私は教養に比べると、「情報」というものはそれほど深いものではないと考えています。情報は、人間の人格に影響をおよぼすものではないからです。

わかりやすい例では、聖書や『論語』などは人間の人格に影響をおよぼしてきた書物の代表格ですが、これらを情報だとみなす人はいません。情報とは人格への影響がないものを指すのであって、情報によって人格変容が起きたら、それはもはや情報とはいえない、と思うのです。

そう考えると、**人生において人との出会いは決定的に重要です。**一人の人間の人格は、本以上に生身の、別の人間との出会いによって左右され、影響される度合いが大きいからです。

「世の中にはこんな人もいるのか」と実際に話してみることで受ける印象は、たとえ一度きりの対話でも後々まで残ります。その意味では「百聞は一見に如かず」というように、100の情報にふれるよりは、一人の人間と生身で話すことが大事なのだろうと思います。

それは、しっかりと相手とは話せない、サイン会のような場でもいいかもしれません。サイン会のほんの一瞬でも、相手からかけてもらった一言、二言の言葉が、その後ずっと印象に残ることはあります。あるいは好きなアイドルグループの握手会に行き、そこで「推し」と話したがる人がいますが、意味のないことだとは思いません。

現代は情報化社会だからこそ人格的な付き合いや、人格に影響があるような出会いが潜在的に渇望されているのだと思います。タレントの「おっかけ」「推し」といったものは、その反映なのではないでしょうか。

「推し」が出演しているコンサートや舞台を何度も観に行くことで、別の日のパフォーマンスとの微妙な違いがわかるほどになり、そうすると向こうにも顔を覚えてもらい、一緒に写真を撮ってもらえるようなこともある。そこには、気持ちのスイッチがオンになる、ドキドキ感やワクワク感があります。

情報には、このドキドキ感やワクワク感が足りないように思います。中にはドキドキワクワクする情報もあるのかもしれませんが、かといって生身の人間を前にし、その人から声をかけてもらったり、握手してもらったりといったことの高揚感とは比べようがありません。

だから私は、生身の人間と会って話すことで得られるものは非常に多いと思っています。大学の講義にしても、全部動画にしてしまえば、学生の側が後で好きな時間に見られるから良い、といった考え方がありますが、こうした相互に出会いがないような情報の摂取の仕方は、一見合理的なようで実はいちばんもったいないことなのではないかと思うのです。

チャンスは「人の縁」がもたらしてくれる

私は基本的に人の縁を信じており、**チャンスは他人が持ってきてくれるもの、しかも偶然的に持ってきてくれるもの**だと考えています。

私が初めての新書を出せたのも、人からいただいた縁です。後藤総一郎先生という柳田國男の研究で知られる高名な先生と、ある会議で一緒になったことがきっかけでした。

その会議で私がした発言が後藤先生の興味を引いたようで、「齋藤さん、今日飲みに行くんだけど、ついて来ませんか?」と誘われ、ついて行ったら、その席に筑摩書房で後藤先生の担当編集者を務めていた方も同席していたのです。

そして後藤先生は、その場でご自分の本の話などそっちのけで、編集者の方に私のことを推薦してくれました。「後藤先生がこれだけ言うなら」ということで、私に依頼してくれて書いたのが、『子どもたちはなぜキレるのか』（ちくま新書）という本です。

こういうことがあったので私は、「誰かに飲み会に誘ってもらったら、なるべく断らないようにしよう」と考えています。実際にそういう場で、たくさんの大切な人と知り合うことができました。信頼できる人との飲み会であれば、行くと何かしら良いことがあるものです。

今の若い人たちはプライベートな付き合いだけを大事にして、それ以外の人脈を広げない生活をする傾向が強いようですが、それでは偶然がもたらすチャンスを逃しているかもしれません。

第二章で、人生におけるチャンスをつかむ重要性について語りましたが、世の中の成功者たちにしても、成功したもともとのきっかけとなると、偶然だったりもします。

たとえば日本の歌謡曲史上最も成功した作詞家の一人である松本隆さんは、もともとは日本語ロックの元祖として知られる「はっぴいえんど」というバンドのドラマーでした。

その松本さんが作詞家の道に転じたのは、まだ「はっぴいえんど」結成前の無名時代に、バンド仲間だった細野晴臣さんから、「常に本を持ち歩いていて文学青年に見えた」というだけの理由で、「松本は作詞をやれ」と言われたからだと、対談の際にうかがいました。

松本さん自身は、そのときまで自分が作詞をすることは想像したこともなかったようですが、それが資質に合っていたのでしょう。その後はプロの作詞家として大成功を収めていきます。

「距離感のなさ」が若者の特権

私は、若者・学生の特権の一つに、目上であろうと関係なく、他人との距離感を縮めても許されてしまうことがあると考えています。

30代や40代ともなると、良くも悪くも社会性が身についてきますので、他人との距離はなかなか詰められませんし、また実際に詰めてしまうと失礼になってしまうことも往々にしてあります。しかし、一般的に10代や20代の若者、特に学生は、目上の偉い先生との距離をかなり縮めても、向こうからそれほど不快には思われません。

私自身、若いころに教わっていた先生の中には相当に偉い方もいたのですが、そんな先生に対して遠慮なく質問し、自分自身の考えもぶつけていました。

そのように**距離をすっと縮められるのは若い人の良さであって特権なのですから、どんどん行使すべきです。**

先ほど述べた「縁を大事にする」という面でも、気軽に距離を縮めることでより多くの人と知り合いになれますし、もしじっくりと話を聞きたい相手ができたら、思い切って「話を聞かせてください」とお願いしてみてもいいのではないでしょうか。

私が駿河台の駿台予備校に通っていた浪人時代、日本史の金本正之先生というたいへんに面白い先生がいました。「曽我兄弟の敵討ち」を三波春夫の長編歌謡曲を歌って紹介してくれたり、入試範囲を大幅に逸脱した超マニアックな歴史上のエピソードを教えてくれたりすることで有名で、私はこの先生の授業が大好きだったのです。

あるとき私は、先生の授業に感動するあまり手紙を書き、「一度先生と授業外でお話をさせてほしい」とお願いしたこともありました。先生はお忙しかったにもかかわらず、その願いを快諾してくれ、喫茶店で2時間半も個人的に話をしてくれたのです。そのときのことは今でも素晴らしい思い出として残っています。

金本先生に教えていただいた『ある明治人の記録――会津人柴五郎の遺書』（石光真人編著／中公新書）は、かけがえのない座右の書になりました。

私自身が人に教える側になってみて感じるのですが、教師というものは若い人からそうしたお願いをされた場合、その人がよほど変な人でないかぎりは、少々の時間なら話してくれるものです。

そのときにかけられた言葉や、助言された内容は、何年経っても心に残りますし、その場で言われた一言が、一生の方向性を指し示してくれることもあるでしょう。

私が大学生のころに通っていた教室の一つに、「野口体操」の教室がありました。この教室では「人間が潜在的に持っている可能性を最大限に発揮できる状態を準備する」ことを目指す体操・健康法を教えていて、その考案者である野口三千三（のぐちみちぞう）先生に直接指導を受けていました。

そこで野口先生が実演してくれて、今でも強烈に覚えているのが、「人間の身体の理想的な状態」をイメージさせるために、先生がものすごく長い鞭（むち）を使って示してくれた動きです。このとき、先生は鞭の手元部分をかすかに揺らしただけでしたが、その小さな揺れは鞭の先端に伝わっていくにつれ大きな波となり、最後には先端部分が大きくしなって、「バンッ」と床を叩きました。

先生いわく、人間の身体も揺らしたときに揺れが続いていくような柔らかい状態が理想なのであり、人間の身体を袋にたとえるなら、その袋の中に詰まっている液体の中で骨が浮かんでいる状態が良い、ということでした。それを、鞭を使った動きで実演してくれたおかげで、私もイメージとして思い浮かべられたわけですが、このイメージはその後、私が身体研究をしていくうえでヒントを与えてくれました。

学生は時間的余裕があるのですから、そうした後々まで影響を受けることもありえる何かを求めて、様々な場所を訪ねていくことをおすすめします。

人付き合いは「誘われるうちが花」

誘いについても、親睦を図る目的で開いている集まりに誘われたら、とりあえず乗っておくのがいいでしょう。誘いに乗り、そのグループの人たちと一緒に飲めば、今度は自分もそのグループのメンバーになれます。そうすると次も誘いがあって、この関係が次第に人脈になっていきます。**こうした誘いは誘われているうちが花であって、誘われなくなったらそうした人脈をつくるチャンスもなくなってしまいます。**

特に新しい組織に入ったときには、なるべく飲み会には行くことをおすすめします。私も明治大学に勤めるようになった最初のころは、1年に50回ほど他の先生と飲みに行っていました。

当時は「明治大学の先生たちは、こんなに酒を飲むのか！」と内心驚いていましたが、そのときに一緒に飲んだ人とは、何十年経っても仲間という意識が持てますし、今でも気安く頼みごとをしたりされたりの関係でいられます。そのように他人との心の距離感を縮めるための場として、私は飲み会というものが非常に役に立つと思っているのです。

中には「お酒が飲めない」「好きじゃない」という人もいると思いますが、飲み会は単に「飲み会」という名の懇親会であると考えればいいのであって、必ずしも「酒を飲む」場所だと考える必要はありません。適度にアルコールを飲んで参加者がリラックスしている空間であることが大事なのであって、飲まなくてもリラックスできるのであれば、無理して飲む必要はないのです。

お酒をバカ飲みする会のイメージがある「飲み会」という名前が、もう古いのかもしれません。アルコールも出る懇親会くらいのイメージでとらえるべきだと思いますし、またそういう会であるべきだと思います。

参加する際の注意点として、否定的なことは言わないようにすることです。参加者の誰に対してであろうと、否定的なことを言ってしまえば関係が壊れてしまいかねません。

それとこれは自戒を込めてでもありますが、酒を飲みすぎないようにすることです。人間は酒を飲みすぎると、どんなに普段の人格が高潔でもわけのわからないことを言い出すものです。酒は飲みすぎてはダメで、何杯までと決めておきましょう。私の場合、最近は1杯まで、もしくは初めからノンアルコールにしています。

また特に女性の場合は、酒の席でハラスメントを受けるリスクもあります。男性以上に飲む相手をしっかり選ぶ必要がありますし、座る席も選ぶ必要があります。同じ女性の隣、あるいは男性でもセクハラやパワハラとは無縁の人格の人がいますので、そういう人を選んで、なるべくその人の横にスッと座るようにしたいものです。

飲み会に参加すると、不愉快なことを言われそうだから行きたくないと思っている人もいるかもしれませんが、行ってみればそのグループの中に二人か三人は気の合う人もいるものです。もしそういう人がいれば、今度は別の日にその三人だけで飲みに行くこともできるわけで、そうなればそこで一つの仲間集団が出来上がります。

「論破」は何も生み出さない

一緒に共同作業をして、苦労をともにすることでも絆（きずな）は強まります。

私は昔、明治大学の同じ学部の教職員たちと、学部の教育内容などを受験生向けに紹介するパンフレットを制作する「パンフレット委員会」の委員に選ばれたことがありました。

これは大学教員の本来的な研究や教育といった仕事とは異なるものでしたが、委員となった他のメンバーとパンフレットづくりの過程で妙に盛り上がり、最終的に職員の方々とも協力し合って、自分たちも驚くほどの真剣さで取り組んだことがあります。彼らとの友人関係は今でも続いています。

ですから何かイレギュラーな役割が与えられたときに過度に面倒くさがらず、人脈づくりだと割り切って引き受けてみると、意外と良いことがあるかもしれません。

逆に、私の20歳ごろの反省点として、当時の自分を叱れるとしたら、**「論破は何も生まないぞ」と言いたいです。**当時の私は、意見が異なる相手と議論して、相手を完膚（かんぷ）なきまでに論破するのは良いことだと思っていました。

しかし、人を攻撃して、言葉で精神的に追い詰めることで私が得たものは結局何もありませんでした。単に友達をなくしただけで、現在につながる財産にもなっていない、まったくの無駄な時間でした。

あのころの私は、単に自分の攻撃性や自己中心性を抑制できず、他をこき下ろすことで自分の力を証明したいだけだったのだと思います。

国語の教科書にも掲載されている、中島敦の『山月記』を読んだことがあるでしょうか。

若くして科挙に合格した秀才・李徴が、自尊心の高さゆえに凡俗な上官たちに頭を下げる官僚の暮らしに耐えられず、詩人として名声を得ようとするも、羞恥心から世間の批評にさらされることを避け、ついには虎になってしまった、という寓話です。

他人と交わる中で、自分のアウトプットについては批評されることを恐れ、そのくせ他人に対してはネガティブな批評や論破をして悦に入っていた20歳のころの私は、まさにこの虎になりかかっていました。

知的な大人の会話とは、どんな会話か

そんな私が「自分も大人になったんだな」と感じたのは、大学教員となってから、ジャニーズファンの卒業生と話していて、嵐の話になったときのことです。何も巧みな話術を見せたわけではありません。ただ、嵐のファンとの会話で、嵐のメンバー一人ひとりを褒めることができたことが、私にとって「大人の会話」でした。

「大野（智）くんは絵がうまいんだよね」「ニノ（二宮和也）のあの演技はよかったね」「マツジュン（松本潤）はコンサートで企画もやっているんだってね」と、メンバーたちの美点を、一人ずつ具体的に挙げながら褒めることができた。それを自覚したときに、私は自分を褒

めてやりたくなりました。

私はジャニーズファンではありませんし、そこまで強い興味があるわけでもありません。だからといって嵐を「ジャニーズなんて」とバカにする気持ちはありませんし、人気があることをやっかむ気持ちもありません。

そうした、自分にとっては興味の対象外ではあっても、他人にとっては大事で評価もされている存在に対して、斜に構えるのではなく、素直に良い部分を探して褒めることができることこそが、大人のふるまいだと思ったのです。

先ほども述べたように、若いころの私には、相手が好きだという人やものに対して、あだこうだと理由をつけてはこき下ろし、そうしたろくでもないことばかり言っては友達を失っていった時期がありました。

そんな時期を経て、私はなんであれ「売れているものには理由がある」という考え方をするようになりました。世の中で支持されているものに対しては、自分の好き嫌いをいったん脇において、それが支持される理由はどこにあるのだろうと探すように、自分の向き合い方を改めたのです。

人間は、本来ならまったく競争相手ではない、無関係な人に対しても、ときに無意味な競争心や嫉妬心を沸き上がらせることがあります。そのときに口に出る「あの実力であんなに評価されるのはおかしいだろう」といった言葉が、客観的な批評を装った嫉妬でしかないことは、往々にしてあります。そうした世の中に対して羨む気持ちが、その人の人格を暗くしてしまうこともあります。

知性ある大人になるための重要な一歩は、そうした卑屈な感情から解放され、乗り越えることにあります。

そして、この嫉妬心から解放されるために効果的なのが、積極的に褒めてしまうことです。たとえば、「この歌手、売れているらしいけど、歌唱力ないんじゃないか？」と瞬間的に思うことがあったとしても、「でも、売れている以上は何か魅力があるのだろう」「歌唱の技術以外の面でも、良いものを持っているのかもしれない」と肯定的にとらえていく。それができれば、やっかみや競争心による無駄な疲労からは徐々に解放されていきます。

また会話の中で、相手が好きだと思っているものをちゃんと具体的に褒められれば、そこから共感が生まれるので、その会話をきっかけに人間関係が深まる機会はより広がるでしょう。

年齢差を超えるには、褒めてから関わる

「褒める」ということでいうと、特に比較的に年配の人が若い人を褒めてあげると、それによって若い人が接しやすくなることもあります。年配の人がそうした態度を取ってくれることが、いかに若輩者にとってありがたいことかを、私は数学者の藤原正彦先生との交流から学びました。

藤原先生とお付き合いをするようになったのは、私が文化庁からの依頼で「子どもたちに読書の習慣を身につけてもらうにはどうしたらいいのか」について、話し合う審議会のメンバーになったときのことでした。その審議会ではほとんどの方が、子どもの主体性に任せる方向での提言をされていたのですが、私は正反対の意見を述べました。「主体性に任せた結果が現状なのだから、子ども任せはダメでしょう、むしろ通知表に『読書活動』という欄を設けて、積極的に読書をさせるべきです」と発言したのです。

結局、その提言は採用されなかったのですが、会議終了後に私の席までわざわざやってきて、「あのアイデアは素晴らしい」と話しかけてくださったのが、藤原先生でした。藤原先生からは、「自分はどうすれば子どもが本を読んでくれるのか、ずっと考えていたの

に、そのアイデアは思いつかなかった。思いつかなかったのが、悔しいくらいだ」とまでおっしゃっていただきました。通信簿に読書欄を設ける案は、それまで誰も褒めてくれなかったものなので、藤原先生の言葉は本当に励みになりました。

藤原先生とはこれをきっかけに仲良くなり、奥さんを交えて食事をするほどの関係になれたのですが、それができたのも藤原先生が、18歳も年下の私に対して「上から目線」どころか最大限の敬意を払ってくださったからです。

私は、若輩者への敬意ある接し方が自然に、なんの衒いもなくできる藤原先生は本当に素晴らしい方だと感じ、それ以来、私自身も若い人たちに対して藤原先生のように接したいと考えるようになりました。

若い人に対する関わり方という点では、高校のときの恩師である小倉勇三先生も、私がお手本とする人の一人です。

小倉先生は、私に漢詩などの名文は暗唱して読むのが良いと教えてくれた方です。私が『声に出して読みたい日本語』を書いたとき、自分が書いているメッセージが、高校で小倉先生から言われたことそのものであると気づき、最後の校正の段階では、小倉先生にご意見をいただこうとゲラを送ったほどです。

先日も先生は、私が出たNHKのオピニオン番組『視点・論点』を見てくださり、どの点が良いと感じたかを手紙で褒めてくださいました。私は60歳で、先生はもう80歳くらいですが、未だに先生と生徒の関係であり、私は先生に褒められると本当にうれしいのです。

教師としての立場では、私は元教え子であるTBSの安住紳一郎アナウンサーとの関係で、この逆パターンを感じています。彼ももう40代後半となり、勤務先のTBSでは局長待遇という重要な立場にありますが、私からすると学生時代のイメージが抜けず、「安住さん」ではなく「安住くん」と言ってしまいます。その関係性は時間が経っても続いているのです。

だから私も安住くんに会うと、小倉先生が私に対してしてくれているように、彼の仕事ぶりのどこが良かったかを具体的に挙げて本心から褒めてしまいます。おそらく彼も局内で偉くなったことで、「できて当たり前」の立場になってしまっているので、今では誰よりも私が彼のことを褒めているのではないでしょうか。

年配者が年少者に接するうえでは、基本的に褒める、と心がけるくらいでちょうどいいのかもしれません。年少者が年配者に接するうえでも、同じでしょう。褒められることで感じるうれしさは、年齢の隔たりを埋める普遍的な効果があるからです。

精神的なメンターは、どう探せばよいか

私にとって藤原先生や小倉先生は、自分の進むべき道のヒントや教育者としてのロールモデルを示してくれた存在ですので、私にとってのメンター、精神的な指導者であるといえるかもしれません。

今の若い人も、悩みごとを抱えているときや進路に迷っているとき、「こうすべきだ」と指し示してくれる存在が欲しいという気持ちはあるかと思います。

ただ、そうした存在を欲する若者の無垢さにつけ入り、真面目さを私利私欲に利用しようとする人たちがいるのも事実で、こうした人に騙されるのは避けなければいけません。マルチ商法の勧誘をするような人は、今でも大学に入り込んでいるようなので、気がついたら自分自身もマルチ商法をやっていた、ということになりかねません。

そうした集団の餌食にならないよう、うまくメンターを見つけていく方法を考えた場合、大学や高校の先生は総じて立場がありますので、基本的にはそう変なことはしない人たちです。一部に問題教師がいるのも事実でしょうが、それでも学生をマルチ商法に勧誘したら間違いなく解雇されますので、一定の安全が担保されているとはいえます。

ですから学生なら、まずは中学校や高校、大学や専門学校の先生といった人の中から、なるべく人格の優れた人を選んではどうでしょうか。その場合、担任の先生など直属の人である必要はありません。

この人は、こちらのことを本当に親切に考えてくれる人だな、という人を選んで進路などについて相談すれば、もともと知識も経験も豊富なはずですから、「この学校は君に向いているんじゃないか」「この資格を取っておくと将来役に立つと思う」「この大学に行きたいならこういう準備をしておくべきだ」と、親切に教えてくれるはずです。

大学の場合は、大学の講義を受けるだけで終わってしまうと、そうした私的な相談・指導までは受けられないことがありますが、学生によっては少人数の授業やゼミでなくても、「ゼミ風」な授業に登録してそれを受けることで、その先生と仲良くなる人もいます。そうして培われた師弟関係をもとに、卒業後、職に就いてからも様々な相談をしている例も実際にたくさんあります。

私も先日、卒業生から相談を受けたのですが、その内容がかなり深刻でした。その卒業生は、私立の学校で非常勤の教師として働いていたのですが、受け持っている週十数コマの授業を、次年度からいきなり「ゼロにされることになった」と言うのです。

ゼロにされたら、収入の大半が消えてしまいますから、とても生活していくことができません。

しかも、その学校にすでに5年間勤めていたので、5年を超えての勤務となる次年度からは、期限の定めのない雇用（無期雇用）への転換を申し込めば、法律上、学校はそれを拒否できないはずでした。学校は契約が無期に切り替わる直前に、「雇い止め」にしたとも考えられます。職員室には同情してくれる同僚もいたそうですが、この決定には誰も逆らえない空気だったようです。

私は相談を受けて、こうした雇い止めは今、全国の私立学校で横行しているもので、中には裁判に発展している例もあると伝えました。そして、「契約打ち切りは、無期雇用転換を妨げる目的での雇い止めなので、承諾できない」という意思を文書（メール）で校長に直接に通知すること、「外部の労働組合に加盟したうえで、団体交渉を行う」と通知すること、以後の学校側とのやり取りは、証拠保全のためにすべて文書で行うこと、最悪、裁判になった場合でも、過去の判例から十分に勝ち目がある争いであること、などを助言しました。

そうして、あらゆる論法を駆使して学校側と交渉した結果、雇い止めは無事に撤回され、教師としてずっと働いていく目途（めど）をつけることができました。

一連の経緯を通じて、私はかなり細かい助言を与え、一緒に闘うことになりました。卒業生に対してそこまでする義務は、本来ならありませんが、教職課程で学生たちを教師として送り出している側の人間として、せっかく教師になってくれた教え子が理不尽な目に遭っているのに、見て見ぬ振りをするわけにはいかなかったのです。

だから、「最高裁まで戦い抜いて、これからの教師のためにも、雇い止めを阻止する最高裁判例を自分がつくる、というくらいの強い気持ちを持て」と言いましたし、実際に当人がその覚悟を持って校長先生らと対峙してくれたことで、事態が打開できました。

相手は私立の高校で世間の評判には敏感ですから、最高裁まで争ってニュースになった場合、そのダメージに学校は耐えられないという判断をするであろうことも、私には想像がつきました。

しかし、そうした闘いを若い先生が一人で進めていくのは困難です。より経験を積んでいる人間が支えてあげる必要があります。私は自分の授業の卒業生であれば、誰が相談に来ても、助言を受けられる専門的な機関を教えたり、交渉で相手方に出す文面を一緒に考えてあげたりするようにしています。

それは卒業生である以上、やはり他人ではないからです。自分が育てた人が理不尽な仕打ちを受ければ、私だって悔しいですし、その人が道に迷い、死ぬことすら考えるほどにつらい思いをしているなら、その人がそう思わなくて済むような助言はします。

私のような大学の教員の場合は、卒業した学生とも一生涯師弟関係が続きますし、いつも大学にいて、何を相談されても一応の助言ができるという意味では、メンターとしてそれなりの安定感があると思います。また先ほども言ったように、学校という場は、先生が卒業生に対して変なことをすれば、ハラスメントとして認知されやすいので、教師の側に否が応でも一定の節度が働きます。

その意味では**メンターを、学校のような身元がはっきりしている組織の人から探すのは、良い手**なのではないかと思います。

山田洋次監督の『学校』という映画は、様々な年齢や境遇の生徒が通う夜間学校を舞台にした作品ですが、そこでも温かな師弟関係が描かれています。

人としての魅力以上に大事なのは、常識があるかどうか

こうした生身の人間関係とは対照的に、インターネットを媒介として集まった者同士の

関係にはどうしても危ういものがあります。

以前、ネットの交流サイトで知り合った女子高校生が初対面の人と会い、危険な薬を大量に服用し、亡くなってしまう事件が起きました。この事件自体は、未だに真相が不明で、事故死か、自殺か、あるいは他殺である可能性も指摘されていますが、いずれにしても、インターネットで知り合った人間関係の中には、こうした危険に発展しやすい例が多く見られるのはたしかです。

ですから、友人にしても、メンターにしても、インターネットで探すことを私はおすすめしません。怪しげな、背後関係も定かでない団体ではなく、しっかりとした組織に所属している人、公的な機関の職員であるとか、大学のような大組織で教えている先生など、身元のはっきりした人の指導を受けたほうが、やはり安全です。

気づいたときにはオレオレ詐欺やマルチ商法の手先になりかねない実例を、私自身、大学の教員として見聞きしています。

近年増えているオンラインサロンにも、団体によって良し悪しがあるでしょう。こうしたサロンの主催者をメンターとして学ぶことを一概に否定する気はありませんが、少なくとも主催者のビジネス、商売の道具にされてしまうようなところに対しては、「何かおかしいな」と思う感性が働いてほしいと思います。

誰が危険で、誰が危険でないかを見分けるうえでは、その相手に社会常識があるかどうかはきわめて重要な判断ポイントです。

常識がない人は何をするかわからないところがあります。社会に対してアウトローの立場を取っている人は、こちらに対してもアウトローかもしれません。

言っていることがあまりにエキセントリックな人も危険です。極論めいた話というのはジョークで言っているのと本気で言っているのとでは、まったく意味が異なります。ジョークとしての極論を面白がるだけなら、ジョークである以上は常識に戻ってくることもできますが、本当に極端な考えを持っている人の思想に染まってしまうと、自分自身も危険な場所に連れて行かれることになりかねません。

また、話している人の精神のあり方が、正常であるかどうかもよく見極めなくてはいけません。これは常識の有無とも関わることですが、その人が精神的に健全ではないほど、第三者の目には魅力的に映ってしまうケースがままあります。特に、もともと頭脳が鋭敏な人が、精神的に躁状態に入ると、普通の人にはない、とてつもない切れ味のある話ができてしまうことがあります。

しかし、精神が健全であることは、面白さ以上に大事なことです。人を傷つけることをなんとも思わない、いわゆるサイコパス的な人には、一見魅力的な人が多いとよく言われますが、もっと人格的に優れていて魅力もある人は、探せば世の中にはちゃんといるものです。

渋沢栄一がかつて「良い国とはどんな国か」と問われ、「人格円満で常識のある人が多い国だ」と言いましたが、言葉の表面的な冴えや鋭さではなく、常識のある円満な人格を重視して選んでほしいと思います。

そもそも詐欺的なものに引っかかりやすい人は、もともとその人自身に一攫千金を狙う気持ちが強いことも多いかもしれません。刺激的なことを求めて、仮想通貨や先物取引のようなハイリスク・ハイリターンな投資に手を出すようなイメージです。メンターを探す側にも、期待値やリスクを計算できるような常識力は必要でしょう。

本や作家も人生の師になる

読めば教えを受けることができるけれど、直接的に何か強制されることはないという点では、**本というのも実は安全なものです。**

たとえば、マルクスの『資本論』を読めば、資本主義に対する深い理解が得られますし、その思想に魅了されることはあるでしょう。ただ、だからといって即座に革命運動や政府転覆（てんぷく）の企（くわだ）てに参加することは、現代では相当なレアケースです。そうした距離感が、本には常にあります。

「私淑（ししゅく）する」という言い方をしますが、ある本を読んでそれが心の一冊と呼べるほどに気に入ったのであれば、その作家が描く登場人物や作家自身が、メンターになってくれることはよくあります。

たとえば司馬遼太郎さんは、これまで多くの日本人にとって、メンターの役割を果たしてきた作家でしょう。『坂の上の雲』（文春文庫）を読んだ人は、明治人の気骨の一部を自分の中に取り込んだでしょうし、『竜馬がゆく』（文春文庫）のファンならば、坂本龍馬のような開明的で、どんな分野であれ旧来型のシステムに風穴を空けるような仕事をしてみたいと、胸を熱くしたことがあるはずです。

こうした作品を精神的に迷っているときに読んで、幕末や明治の人たちのように向上心を持って生きたいと思い、元気をもらった人たちは無数にいると思います。

それは必ずしも古典や大家である必要はありません。現代の作家で敬愛できる人が見つかり、その人が書いたものを読んでいる間だけでも心が落ち着くということであれば、大事な財産になります。キャリアの長い人であれば、20冊、30冊と作品があります。それらを少しずつ読んでいくだけでも、毎日の気分を整えることが、かなり容易になるのではないでしょうか。

それは、自分自身を知ることにもつながります。たとえば井上靖さんは、歴史小説・伝記小説を数多く書かれていますが、井上さんが書いたチンギス＝ハンの物語『蒼き狼』（新潮文庫）を読んで共感できるところがあるとすれば、それは平和な現代にあって眠らせている自分のチンギス＝ハン的な要素、乱世の英雄的な資質がどこかにあるということなのかもしれません。

そうした自己理解が進むだけで、救われること、気持ちがラクになることも、きっとあるはずです。

第五章

インプットを血肉化し、アウトプットを使命にする

コンテンツの氾濫で、意識が拡散していく

現代は楽しいことがものすごくたくさんある時代です。

定額利用方式（サブスクリプション）で何本でも観られる動画配信サービスは、私もNetflixにAmazonプライムビデオ、HuluにDAZNと、いくつも入っていますし、有料衛星放送のWOWOWにも加入しています。地上波のテレビ番組も録画が簡単になって、いくらでもハードディスクに保存して、好きなときに観ることができる時代になりました。

サブスクで観られる映画やドラマ、アニメ、お笑い、スポーツ……。これらを一人の人が一生のうちにすべて観るのは、まず不可能です。そもそも鑑賞するための総所要時間を合計すると、人間の一生分の時間よりもはるかに長くなります。

これは人類がこれまで経験したことのない状況でしょう。本を除けば、これほど膨大な娯楽が、かくも簡単に手に入ってしまう時代は過去にありませんでした。昔は古い映画を観たくても、サブスクどころかレンタルビデオさえなかったので、目当ての作品が名画座にかかったら、そのチャンスを逃せなかったものです。

音楽も、私の学生時代であればジャズ喫茶で聴いて、気に入った曲があったら店主にリ

クエストして何遍（なんべん）も聴き込み、このアルバムは間違いないと確信してから、ようやくＬＰを買っていました。そうして満を持して買ったアルバムは、一曲目から最後の曲までを通しで、何回も、何回も聴くのが普通でした。大卒の公務員の初任給が3万円ちょっとだった１９７０年当時ですと、ＬＰは一枚２０００円もしたのです。

それがサブスクだと、ほぼ無限にある膨大な曲の中から検索したり、ＡＩにレコメンドされたりして聴くだけなので、一つひとつの曲に対する愛着はどうしても薄れ、アルバムという概念も希薄になります。聴きながら「いいな」と思っている曲があっても、簡単に聴ける無数の曲の中の一つでしかありませんから、自分にとっての絶対性のようなものをその曲に見出しづらくなります。

あらゆる娯楽が定額かつ低額で手に入ってしまい、なおかつYouTubeのような無料メディアも選択肢に加わるという状況で、私は**人々の娯楽への向き合い方が様変わりし、「意識の拡散」のような現象が起きている**と感じます。

ＬＰが年に何枚も買えず、映画は名画座で観ていた時代、人々の関心はどうしても限られた特定の作品に集中するので、その作品への向き合い方は必然的に煮詰まったものになりました。しかし、選択肢がいくらでもある現代のサブスクユーザーの関心の持ち方は、水蒸気のように均質的で、フワーッと拡散してしまって、やがて薄れていきがちです。

私自身もサブスクで作品を観ていると、途中で「やっぱりこっちがいいな」と思い始めて、本当は面白いはずのアニメでも完結まで観終えないことがあります。バイキング方式で、膨大な選択肢を示されて、その中からいくらでも選べるとなると、集中力を保つのはどうしても難しくなります。

また、スマホやリモコンを操作するだけで膨大な作品にアクセスできてしまえる状態は、非常に便利な一方で、人を受け身にします。サブスクでドラマやアニメを観ているだけでも十分に楽しいので、気がついたら週末が終わっていた、という経験をしたことのある人は、きっとたくさんいるでしょう。

創作者か消費者かで、雲泥の差が生まれる

こうした膨大な娯楽作品が供給されている時代では、クリエイティブに作品をつくる側の人と、それを受け身のまま享受し続ける人に分かれていくことになります。

吾峠呼世晴先生の漫画『鬼滅の刃』は私も大好きな作品ですが、吾峠先生のように自分のクリエイティビティを存分に発揮し、独創性のある作品を世の中に送り出している人と、

その作品をただ楽しんでいるだけのファンとでは、一つの作品でつながっていてもやっていることの質は違います。

これに比べれば、なんらかのアウトプットに挑戦している人、たとえばスマホで動画を撮って編集し、YouTubeやTikTokで公開している人は、世の中の目にさらされるのを覚悟で自分の作品をアウトプットしているわけですから、受容するだけの立場から脱していきます。クオリティはどうあれ、その姿勢はクリエイティブであることの入口に立っています。

私が現代の知的生活で「アウトプット」が重要だと思うのは、そのためです。**アウトプットすることが容易になったことで、つくる人と受け取るだけの人の差は、クリエイターのような職業についていなくても、大きく開いていきます。**

クリエイティブであること、知的に生きることの最低条件は、とにかくアウトプットしていくことです。怖がることなくアウトプットすることを覚えれば、毎日の生活の中に刺激が生まれ、そこからその人の知性は飛躍的に活性化していきます。

ですから私は大学の授業でも、学生たちに可能な限りアウトプットしてもらうようにしています。

最近も授業の教材として、『カラマーゾフの兄弟』を取り上げたのですが、これにしてもただ読んでもらうだけでは印象に残らない人もいるでしょうし、ディスカッションをするだけでもまだまだインパクトが足りません。

そこで全員に対して、「『カラマーゾフの兄弟』を題材にしたショートコントをつくってきてください」と〝無茶ぶり〟をしました。クラスの全員を4人ずつのグループに分け、『カラマーゾフの兄弟』の中の任意の場面を選んで、笑えるショートコントとして再構成せよ、というミッションを課したわけです。

『カラマーゾフの兄弟』それ自体は、すでに一つの作品として成立していますが、これをショートコントに再構成するのは、まったく新たなクリエイティブな行為です。『カラマーゾフの兄弟』は、実際に読めば面白い、笑いにつながりそうな場面がたくさんありますから、うまく解釈してコメディに変換し、台本を書いて、みんなの前で演じてもらう。これだけでも十分にクリエイティブなアウトプットですし、それを映像として撮って、YouTubeに作品として発信することもできます。

しかも、それだけのアウトプットをするためには読み直しをしなければいけませんから、自ずとインプットの質も高まります。

こうした試みに対して、最初はうまくできるか不安になる人、そんな才能はないと思う人もいますが、自分にクリエイティブな能力があるかないかも、実際にアウトプットしてみないことにはわかりません。

この『カラマーゾフの兄弟』のミッションでは、いざやってみると、どのグループも出色の出来でした。それぞれのコントがあまりに面白いので、ＤＶＤが欲しいという感想が多かったほどです。

才能というものは、アウトプットすることで初めて気づけるものです。逆に、アウトプットしない、作品を受容するだけの受け身の姿勢でい続けてしまうと、せっかくの自分の才能にも気づけません。

サブスクでアニメを観ているだけでも、そのアニメの原作者やアニメーターたちの才能に気づくことはできますが、自分の中にあるかもしれない才能に気づくことはありません。才能が動き出すその瞬間には、感動するだけではダメで、アウトプットをうながすなんらかのミッションが必要なのです。

教養を身につけるには、「強制」が必要である

世の中には他人の力を借りず、自分自身に対してミッションを課せる人もいます。自分で刺激をつくり、自分で自分の目標設定をして、クリアするために立ち向かっていくことができる大谷翔平選手のような人は、この典型でしょう。

しかし、それができる人は、それほどたくさんいるわけではありません。ほとんどの人が、受け身の状態から抜け出してクリエイティブの側に行くには、何かしらミッションを与えてくる他者を必要とします。若い人にとって、最も身近な刺激のある他者は友人でしょう。友達同士で動画づくりを企画し、何日までにアップすると約束する。これが十分なミッションになります。

ただ、そのように友達同士で「TikTok」に動画をアップするにしても、その動画をよりクリエイティブなものにするには、そこに何らかの知的な要素、教養の要素を入れる必要があります。

ダンスをして撮るだけでもクリエイティブだとは思いますが、あらかじめ決められた振り付けをその通りに踊るだけなら、誰でもある程度はできてしまいます。これを本当にク

リエイティブな行為とするには、そこに振り付けでも、編集の部分でもなんでもいいので、何か知的な、オリジナルな要素を加えると良いと思います。

学べる環境とは、互いに刺激し合える環境

人が知的でいるためには、その人をインスパイアし、鼓舞してくれる人、興味や関心を持つきっかけをつくってくれる人の存在がとても重要です。アイデアは人からの刺激によって生まれるものです。**お互いを刺激し合う環境が、すなわち学びの環境です。**

社会には色々な集まりがあり、すべての集まりがそうした学びの環境になりうるわけではありません。

10年、20年と毎日のように同じ仲間と、和(なご)やかにお茶を飲む関係もあるでしょう。家族も自分が生まれて以来ずっと一緒にいる関係ですから、家族の誰かから新しい刺激を受けることは、年を重ねるとそれほど多くはないかもしれません。それはそれでベーシックな関わり合いとして重要で、安定をもたらしてくれる大事な人間関係です。

しかし、学びの空間とは、家族のような同質性ではなく、差異を意識させられることによって発生するものです。「世の中にはこんな世界もあったのか」「この人は自分と同い年

なのに、こんなにたくさんの本を読んでいるのか」と意識させられて、それが刺激になります。この刺激があるからこそ、「だったら、自分も」というマインドになれます。

教師という存在も刺激材料にはなりえますが、先生がものを知っているのはある意味当たり前です。その点、「同年代がこんなことをしている」というほうが、刺激としてはずっと大きいのです。

私が教えている教職課程のクラスでも、メンバーがみな同年代であるがゆえに、刺激を与え合っていますし、私自身もその刺激を利用することがあります。

たとえば、『カラマーゾフの兄弟』を読んでもらう場合、新潮文庫版で上・中・下の3巻、1巻あたり600ページ以上ありますから、読み通すにはそれなりの気合が要ります。一方で、国語の先生になろうとしている学生であれば、「世界最高峰」とも称されるこの文学作品は、読んでおいたほうがいいと、彼ら自身もよくわかっています。

そこで私が、「読み通すのは大変だと思うけど、今のこの時期が人生でいちばん時間があるよね？　働き始めたら、読むのはもっと難しいよ？　どうする？」と焚(た)きつけると、「読んでみます」という学生が出てきて、リードしてくれます。

すると、あまり読んできていない学生は、読んできた人から刺激を受けることになります。同じ年代で、自分と同じくらい忙しいはずなのに、「あいつはちゃんと読んできた」という引け目を感じるわけです。翌週の授業では不思議とみんなが読んでくるようになり、討論も盛り上がっていきます。

こうなるともう、『カラマーゾフの兄弟』について語り合う、討論できる空間、それ自体がすごく貴重なものであるとお互いに認識するようになります。「『大審問官』の章をどう読んだか」とか、「スメルジャコフとはどういう存在か」といった日常生活ではまず話さないようなことを、共通のテキストを通じて話すのが、楽しくてしかたない時間になっていくのです。

これは普通、なかなか得られないシチュエーションです。日常生活には、『カラマーゾフの兄弟』を読まなければいけないという「圧力」は存在しませんし、ドストエフスキーについて語り合おうという場も、そうそうありません。

旧制高校では、『カラマーゾフの兄弟』を「読んでいない」とは言えない空気がありました。1970年代にも、「『カラマーゾフ』を読んでいないなんて、ありえない」と言わんばかりの空気を醸し出す人が、高校や大学に何人かはいたものです。

そうした「知的圧力」は、適度に、それとなく加えられる分には、自分の中に新たな興味や関心を湧き立たせてくれる心地よい刺激になりえます。

「自主性に任せる」という言葉が嫌いな理由

だから、私は学生たちに対して、「これだけは読んでおこう」という縛りを、こちらから積極的にかけることをよくやります。

大学に入学したばかりの一年生に対して、福沢諭吉の『学問のすゝめ』と『福翁自伝』、デカルトの『方法序説』、ニーチェの『ツァラトゥストラ』、孔子の『論語』などの書名を並べて、「これらは大学一年のうちに読んでおくべきものだからね」と最初の授業で教えるのです。すると高校を出たばかりの彼らは、それが常識なんだ、といい意味での勘違いをしてくれて、素直に読んできてくれます。

「読んできてね」とこちらが言えば、実際に読めるわけですから、これまではただ読んでこなかっただけで、実は今の若い人たちのポテンシャルは非常に高いのです。だから、彼らに知性を身につけてもらおうとするなら、「常識」というものの設定を高めにしておきさえすればいいのです。

小学生を相手にした授業でも、「今日は『坊っちゃん』を1冊音読しよう」という目標設定をあらかじめしておき、6時間ほどかけて音読する授業を行うと、その授業に参加した子どもから読書への抵抗感がなくなり、自然と本を読むようになります。

今の子どもたちはポテンシャルが高いので、やればできてしまうのに、社会の側が子どもたちのレベル設定を低くして扱ってしまっています。小学生向けの選書でも、いかにも子ども向けのわかりやすすぎる本に偏る傾向がありますが、これは子どもたちを不必要に侮（あなど）っていると思います。

今の若者の能力が、世間で一般的に思われているよりもはるかに高いということに、私は疑いを持っていません。その代わり、こちらがうまく課題を出してあげなければ、何もしないまま終わってしまう可能性もあります。

だから私は、「自主性に任せる」という言葉があまり好きではありません。自主性に任せているだけでは、若者たちのせっかくの能力をスポイルする恐れがあると思っているからです。

人から推薦された本でインプットの幅を広げる

「縛り」の話をしてきましたが、私のように縛りをかける人がいない場合は、どうすればようでしょうか。

一人で読書をするにしても、単に自分の興味に従って好きな作家、好きなジャンルだけ読んでいくよりも、一度は**「最低限このリストにある本は読んでおくべきだ」と示してくれるガイドブックを活用する**と良いと思います。

私が十代だったときは、フランス文学者の桑原武夫さん編による『日本の名著――近代の思想』（中公新書）や、歴史学者・河野健二さん編による『世界の名著――マキアヴェリからサルトルまで』（同）を手に入れて、この2冊で紹介されている約100の本から読み始めました。そこからベースをつくっていったのです。

ガイドライン的な役割を果たしているものは、様々にあります。新潮社が毎年夏休みに行っているキャンペーン「新潮文庫の100冊」は、最近では同時代の作家の作品割合を増やしているようですが、私のころはほとんどが古典で、参考にしていました。

あるいは**誰か信頼している人がすすめてくれる本を、片っ端から読むというやり方でもいいでしょう。**信頼できる人が「良い」と言っている本を優先的に読んでいくと、選ぶだけで悩む時間が省けます。

食べ物でもワインでも、この人が推薦してくれるものはだいたい間違いがないという人はいるものです。本に関してもそうした「ソムリエ」を見つければよいのです。

ライフネット生命保険の創業者で、現在は立命館アジア太平洋大学の学長をされている出口治明さんは、そうした「本のソムリエ」の代表的な一人でしょう。私は出口さんがおすすめしていたマルグリット・ユルスナール『ハドリアヌス帝の回想』（多田智満子訳／白水社）を、「出口さんが良いと言っているなら読んでみよう」と思って読んでみたことがあります。これは想像以上にすごい本でした。

ユルスナールは戦前から戦後にかけて活躍したフランスの作家ですが、この作品ではローマ皇帝ハドリアヌスの物語を、ハドリアヌス自身が自分の人生を回顧する形式で描いているのです。はるか昔の古代ローマ皇帝の心情など、普通は想像さえできないと思ってしまうところですが、それを20世紀の作家であるユルスナールは事実に基づき、迫真の筆致で描いています。読んでいると古代ローマに関する膨大な知識が入ってくるとともに、自分自身が時空を超えてハドリアヌス帝になったような気分になってきます。

それまで読もうとしたことさえなかったこの本の素晴らしさを知れたのも、出口先生の推薦に従ったからできたことです。

私を本のソムリエとして認めてもらえるなら、『古代エジプトうんちく図鑑』『古代ギリシアがんちく図鑑』(ともにバジリコ)、『古代マヤ・アステカ不可思議大全』(草思社)など、古代文明に関する本をたくさん書いている芝崎みゆきさんの本は、全部おすすめです。最近では、『イースター島不可思議大全』『アンデス・マチュピチュへっぽこ紀行』『古代インカ・アンデス不可思議大全』(すべて草思社)を刊行されました。

芝崎さんの本を読むと、開いた瞬間に「これは価値ある本だ」と感じるでしょう。全篇が手書きイラスト入りで書かれています。芝崎さんの作品を読んでいると、1ページごとに心を込めて書いていることが一目瞭然で、「これこそ本だ」という感慨が湧いてきます。

世の中に良書はたくさんあるわけですが、その存在に気づけないことは多々あります。その点では、**推薦されたものを読むという選択肢は、読書の幅を広げてくれます。**「この人の推薦なら」という人がいなくても、雑誌や新聞の書評欄、インターネットの書評サイトなど、今は豊富に得られますから、好きなメディアやサイトを見つければ、参考になるはずです。私も本のレビューはものすごくたくさん読みます。

読書の幅を広げるためには、それを信頼できる人同士でシェアし、お互いに推薦し合う読書サークルのようなものを活用するのもいいですね。

ネット検索は情報のマッピングに使う

自分が読むべき本を見つけるにあたっては、インターネットでの検索も非常に便利です。私はインターネットに関しては、使い方次第で良くもなれば悪くもなるものだと考えていますが、検索については、スマホでもパソコンでもタブレットでも、どんどん使って検索して、情報社会の恩恵を受けられるだけ受ければよいと思います。

学生たちには、ネットで調べものをする際には、1回目の検索で出てきた情報だけを調べて終わりにするのではなくて、「最低でも3回以上は検索して」と指導しています。

これは1回目の検索で出てくる情報だけだと、フェイク情報をつかまされる可能性があるからでもありますが、それ以上に元の検索ワードに1回目の検索でわかった新たなキーワードをつなげて2回、3回と検索していく「超検索」を続けることで、もともと調べたかった情報が、他の様々な要素と複雑に結びついていることが実感でき、単純でない、より立体的な理解が得られるようになるからです。

そうした**検索に次ぐ検索を通じて、物事の全体像や、どこに行けばどういったものが手に入るか、何が学べるかを一覧できるマップを頭の中に描き出していきます。**その大まかなマップをつくる作業を行ううえでは、インターネットは本当に便利なものです。

ただ、検索して得た情報だけで満足してしまうのではなく、そこから自分の身体を動かして、気になる場所に行ってみる、気になる本を読んでみる、とさらなる行動に移すことが大事です。

たとえば、「安政の大獄」について調べる中で、刑死した吉田松陰や橋本左内などの幕末の思想家の墓が、小塚原回向院というお寺にあると知ったら、現地に行ってみる。するとそこには、二・二六事件の主犯の一人である磯部浅一のお墓もあるなど、近世・近代の思想犯・政治犯の墓が一堂に会していることがわかると思います。

あるいは、１９６３年に起きた有名な誘拐事件の被害者の慰霊碑もあることを知って、昭和を代表するノンフィクション作家・本田靖春がこの事件について書いたルポルタージュ『誘拐』（ちくま文庫）を読んでみる。

そうした新しい教養との出会いにつなげるためのきっかけとして、こうした検索は利用するべきです。

現代のネット空間に流れる情報はあまりに雑多ですから、検索だけにまみれていると、気がついたら30代、40代になってしまい、身についていたのは「情報」しかなかったということもありえます。そうならないためにも、単に情報を入手するだけで終わらない検索の仕方を身につけておきましょう。

「身銭を切る」効果で血肉化する

そして本を読むうえでは、なるべく図書館で借りるのではなく、買って読むことをおすすめします。お金がないのは仕方ないことですし、どうしても図書館に頼らなければいけない状況で無理をする必要はありません。

ただ一方で、**本を読むうえでは、「身銭を切る」ことの効果が間違いなくあります。**基本的に私は、本は身銭を切って買うものだと考えています。

「身銭を切る」という表現が、私は若いときから気に入っています。「身銭」とは、つまりは「自分のお金」という意味ですが、ただの「銭」ではなく、それを稼いだ「身」も切るという痛切なニュアンスがあります。

身銭を切って買ったレコードやCDを、一度も聴かないことはほとんどないでしょう。同じように、身銭を切って買った本は、途中で挫折して積読になったとしても、1ページも読まないことはあまりないでしょう。

これが図書館の本の場合は、読まずに返却してしまうことも多いと思います。

昔から図書館の本を読むことに抵抗感がありました。図書館の本は返さないといけませんし、そうすると、その本を読むのに費やした自分の貴重な時間やエネルギーが回収できないように感じるからです。自分自身の時間やエネルギーが大事だと思えば思うほど、読んだ本は自分の本にしておきたいし、「本に身銭を切らないで、他の何に切るのか？」と思ってしまうのです。

学生時代は、どんなに生活が苦しくとも月2万円は本に使うと決めていました。

特に若いうちは、本を娯楽として読むのではなく、血や肉にする必要があります。そうして手に入れた本は、一生ものになります。

だから私は、授業で読む本でも、基本的に図書館の本は避けて、とお願いしています。私が授業で教材として使っているのは、『論語』でも『徒然草』でも『カラマーゾフの兄弟』でも、基本的に古典なので、一生涯付き合っていける本です。しかもこうした有名な古典は、たいてい文庫で数百円も出せば買えるものです。

一生使える、本当に大事な本がたった数百円で買えるなら、なおさら身銭を切らなければダメです。スターバックスでコーヒーを飲んでも、同じくらいの値段がします。スタバには行くのに、500円の『徒然草』が買えない理由はないはずです。「コスパ」という言葉がよく使われるようになりましたが、本当の「コストパフォーマンス」というのは、実は容易にはわからないものです。

推しているアイドルのグッズを応援の意味で買いたくなったり、好きなスポーツチームのスポンサー企業の製品を優先的に使いたくなったりするように、お金を使うときにも応援する気持ちで使う人は、高い幸福感を得られる傾向があるそうです。それは、その人にとってはその買い物が単なる消費ではなく、応援している相手へのロイヤリティ、忠誠心を示すことでもあるからです。

気に入ったラーメン店を見つけて、その店が潰れないように頻繁に通うことを「投資」と称する人もいます。そうした自分の幸福感に寄与するお金の使い方は、コスパとは別次元のものでしょう。

こうした応援感覚や投資感覚を抱ける、自分を幸福にしてくれると思えるものに対しても、なるべく「身銭を切る」べきなのです。

雑誌はライフスタイルに関わるメディア

インプットの手段としては、雑誌にもまだまだ捨てがたい魅力があります。私は文藝春秋から出ている『Number』というスポーツ雑誌を創刊号からほぼ欠かさず読んでいますが、この雑誌を読んでいるおかげでスポーツに関する知識を莫大に増やすことができました。『Number』には大谷翔平選手のように、普段あまりメディアの取材に応じないアスリートが登場することも多く、インタビュー記事を通じて、なかなかうかがい知れないアスリートの心情や考えを明かしてくれます。

ジャズ専門誌の『スイングジャーナル』(スイングジャーナル社、2010年に休刊)や、音楽評論家の渋谷陽一さんが創刊した洋楽雑誌『rockin'on』なども、一時期よく読んで音楽の知識を蓄えていました。同じロッキング・オン社が刊行しているカルチャー雑誌『CUT』も、内外の映画監督のロングインタビューが読める貴重なメディアとして愛好していました。

雑誌ならではの専門的なインタビュー記事、特にロングインタビューを読むと、映画でも音楽でもスポーツでも、それを創造している当事者の肉声を知ることができ、作品や競技を見る理解度や興味が圧倒的に深まっていきます。

あるいは、何か一つの特集テーマで誌面の大半を構成する雑誌には、その誌面をつくった編集者たちの熱気がにじみ出ています。そうした雑誌の会心の号というのは、1冊の雑誌という枠を超えて、一つの作品として成立しているように感じさせてくれます。

最近では、雑誌を愛読する若い人は減っているようですが、今でも雑誌は多種多様に刊行されていますので、「なんとなく自分にハマる」と感じられる雑誌が、誰にでも1冊はあるのではないかと思います。

以前、学生たちに「愛読誌は何?」と聞いたとき、ある女子学生は「『CanCam』(小学館)です」と答えていましたが、たしかにその子はファッション雑誌の『CanCam』を読んでいるだけあって、着ているものが華やかでしたし、服に着られているとは感じさせずに、自分流に着こなしていました。

彼女にとって『CanCam』は、「ハマる」雑誌だったのでしょう。ファッション雑誌を読んで、その世界をしっかり自分のものにできるなら、ただのファッション情報を得る以上の影響力が感じられます。

ある雑誌に入れ込むことは、自分流のライフスタイルをつくることなのでしょう。光文社から出ている『美ST（旧・美STORY）』という女性向け美容誌は「美魔女」というワードをつくり出しましたが、このフレーズ一つだけでも、読者層である40～50代女性の意識に大きな影響を与えたでしょう。

雑誌は生活のリズムをつくってくれるものでもあります。『週刊少年ジャンプ』（集英社）を大人になっても買い続ける人がいるのは、月曜日が『ドラゴンボール』や『SLAM DUNK』の続きが読める楽しい日であった子ども時代を、身体が記憶しているからでしょう。

私も『ジャンプ』は創刊号を読んでいて、貝塚ひろしさんの野球漫画『父の魂』や本宮ひろ志さんの『男一匹ガキ大将』が連載されていたころから親しんでいる世代ですが、あのころ『ジャンプ』を読んでいたせいか、月曜日が来ると明るい心持ちになれる感覚が未だにあります。

『ジャンプ』が発売される「毎週月曜日」になると、それだけで心持ちが明るくなり、生活のリズムが生まれるという人は多いのではないでしょうか。それは掲載されてきた漫画作品の魅力はもちろんですが、『週刊少年ジャンプ』という定期雑誌が持つ力だと思います。

このライフスタイルをつくる、ライフスタイルに関わるところが、他には代えがたい雑誌の良い点です。好きな雑誌が2、3誌あるだけで、人生が少し明るくなるかもしれません。

作業はゴールから逆算して、最短距離で進める

ここまでインプットの方法に関する話が続きましたが、ここからは再びアウトプットを行うための話をしていくことにしましょう。ここでのアウトプットは、学生にとっての勉強や課題提出、ビジネスパーソンにとっての仕事を、効率的にこなすことについてです。

アウトプットを行う場合、まずゴールを想定し、そのゴールに最短距離でたどり着くための方法を考えることが、時間の節約にも、挫折するのを避けるのにも有効です。

最終的な仕上がりのイメージを持っておき、それに必要な最低限のことだけをまずやってしまう。城攻めにたとえるなら、外堀を埋める作業はやらずに、一気にヘリコプターで本丸に攻め込むイメージです。

無駄なく最短距離でゴールインするためには、作業の優先順位をはっきりさせ、その順番を安易に変えないこと、間違えないことです。

私も昔、修士論文を書く際に下調べに時間をかけすぎて、失敗したことがありました。原稿用紙換算で200枚の論文を書かなければいけなかったのに、下調べをしていくうち

に「あれも必要になるかもしれない」「これも調べておけば、もっといい論文になるだろう」と思い始め、気がついたら資料の山が積み上がるばかりで、肝心の論文執筆はまったく進んでいないという悪循環に陥ったのです。

このとき私がするべきだったのは、なんでもいいからとにかく書き始めることでした。まず書き始め、書いている途中で調べる必要が生じたら、あらためて調べる、というやり方で進めれば、もっと早く論文は書き上げられたはずです。

この修士論文執筆時の経験で強く後悔して以来、私は論文を書くときの下調べは必要最小限にとどめ、まず書き進めることを優先して、不完全な部分や曖昧な部分は後で調べて書き足せばいいのだと割り切るようになりました。このことで、書き上げるまでのスピードは以前とは比べ物にならないほどに速まりました。

しかも、実際に論文を1本書き上げると、自分の中に書けそうだと思えるテーマが新たに二つ、三つとできてきます。「論文が論文を連れてくる」というような状態で、ゴールにたどり着いたことで、また新しい景色が見えるようになるのです。

これはアウトプットすることが、インプットの質も高めてくれるから起こることです。以前の私は、まずインプットの質と量が担保されなければ、良質なアウトプットもできないと思い込んでいました。これは、城を攻め落とそうとしてお堀の周りをグルグル回っているだけのことで、完全な勘違いでした。

以前、これまでに私が出した著書の冊数を編集者が調べてくれたことがあるのですが、文庫なども含めると1000冊ほどになっているそうです。自分自身も驚きましたが、これも「まず最短距離で」を原則にして論文や本を書いているうちに、さらに書きたいことが次から次へと出てしまい、それをまた最短距離で書き上げてきたことの結果です。

私は自分が実践しているこのやり方が、料理人と似ているのではないかと思っています。料理人はその日に使う食材を見て、何をつくるかを決めた時点で、自分がつくる料理の最終的な形態と、そこにいたるまでのプロセスを瞬時に思い浮かべます。実際の調理は、包丁や鍋を使いながら、その完成イメージにたどり着くために最短距離を行くでしょう。

アウトプットを最短距離で行う秘訣の一つに、「いちばんやりやすいところに最初に着手する」ことがあります。本でも、「はじめに」の部分を最初に書き始める人はあまりいません。小説家でも、まず頭にある書きたいシーンのイメージを最初に書いてしまい、その場面にいたるまでのストーリーや登場人物同士の人間関係などは、後から考えるという人も、かなりいるそうです。

書けそうなところから書いてみて、しだいに書いた文量、字数が増えてくると、勇気が湧いてきます。すると、どんどん乗ってくるものです。書けるかどうかに悩む無駄な時間を過ごすのはやめて、とにかく書ける部分から書き始めましょう。

タスクが来たら、来た瞬間にやってしまう

よく、「忙しい人に用事を頼んだほうが早く終わる」と言われますが、私はこれに同意します。

忙しい人は、今抱えている仕事を終えても次の仕事が待っているので、どうにかして今の仕事を片付けようとして最短距離を探すからです。これに対して時間がある人は、時間があればあれるほど、仕事のやり方について不必要にあれこれ考えてしまい、取りかかるのが期限ギリギリということもあるからです。

私が総合指導している『にほんごであそぼ』には、「ことわざかるた」や「いろはかるた」「名文かるた」など、子どもがかるた遊びをするコーナーがあり、私はこのかるたの文章づくりも担当していました。このときも番組プロデューサーから依頼を受けたその日のうちに約50枚分すべての文句を考えて送ってしまい、プロデューサーから感心を通り越して

驚かれたことがあります。

別のときには、小学一年生で習う漢字80字と二年生で習う漢字160字を覚えるための、合計240枚分のかるたの文句を考えてくれという依頼を受けたこともありますが、このときも2日でやってしまいました。

私がこのように超スピードで仕事を片付けてしまうのは、仕事というものは取りかかるのが後になればなるほど面倒くさくなることを知っており、私自身がその面倒くささに耐えられないからです。

夏休みの宿題を放っておくと、8月31日が近づいてくるごとにどんどん気が重くなってきます。それと同じで、引き伸ばせば引き伸ばすほど自分が苦しくなるだけだから、早く終わらせたいと思っているわけです。

だから、**仕事を早く終わらせる秘訣は、一見逆説的なようですが、「究極の面倒くさがり」になることです。**

また、仕事というものは、相手からオファーされた瞬間が最もテンションが上がり、こちらもワクワクできるものであって、そのテンションは時間が過ぎていくにつれてだんだんと薄れていきます。

だから私は、仕事を頼まれたら、なるべくその日のうちにやってしまいますし、その作業を始めたら、もうそのことしか考えません。

足裏マッサージを受けているときにアイデアが浮かんだときには、「痛い、痛い」と言いながらスマホを取り出して、スマホのメモ帳アプリにメモしていました。すると、そのメモをコピー&ペーストするだけで、相手にメールを送れてしまいます。「鉄は熱いうちに打つ」に限るのです。

前倒しでやることで、モチベーションを下げない

この「依頼されたら、即実行」ということで思い出すのは、私が今のように様々なテーマで本を書くようになる前の時期のことです。

当時の私が研究していた日本人の「腰・肚(はら)文化」について、朝日新聞の記者の方が話を聞きたいと、東京から私が所用でいた山梨県まで、わざわざ取材に来てくれました。するとその取材後、私の主張を朝日新聞のオピニオン欄に載せたいので、コラム原稿を書かないかと依頼してくれました。

このとき私は、無名の研究者に過ぎない自分のコラムを、朝日新聞のオピニオン欄に載

せてもらえるなんてめったにない機会だと思い、すぐに書いて翌日には原稿を送りました。あまりの早さに、その記者の方は「えっ、もう書いたんですか?」と呆気に取られたそうです。

たしかに向こうからすれば、原稿依頼した次の日にもう送られてきたら、異常に早いと感じるかもしれません。ただこちらとしては、書く内容はその時点ですでに10年、20年と考え続けてきたことですし、全国紙に載せてもらえるチャンスへの高揚感であふれかえっていましたので、あっという間に仕上げて送ってしまったというわけです。

その掲載されたコラムがＮＨＫ出版の編集者の目にとまり、これをテーマに一冊の本にしてくれと言われ、２０００年に刊行したのが『身体感覚を取り戻す』（ＮＨＫブックス）です。これが新潮学芸賞という賞をもらったことは、私にとっての転機の一つになりました。

こうした経験からも、**仕事は前倒しするほどいいことが多い**、という確信があります。朝日新聞の記者の方がコラムの依頼をしてくれたあのときに、もし私が「ちょっと考えさせてください」と返事したり、書くのに2カ月も3カ月もかけていたら、掲載しようという記者の方の気持ちも冷めていたかもしれません。

ビジネスの世界でも、経営者同士が話すときは即断即決で決まっていくことが多いそうです。企業の広告やブランディングの分野で活躍するクリエイティブディレクターの佐藤可士和さんは、セブン&アイ・ホールディングスから商品のデザインについて依頼を受けた際、当時同社のトップだった鈴木敏文会長にデザインした現物を直々に見せたところ、一発で決まってしまったそうです。

どんな仕事でも勢いは非常に大事で、頼まれた仕事はその日のうちにやってしまう、あるいは「案を二つお願いします」という依頼に対して、10や20も提案するくらいの勢いを持ってできるなら、自分自身の熱のおかげで仕事は忙しさに関係なく、むしろラクになります。

しかし、時間が経過し、自分自身の熱が下がり続ける状況で行う仕事は、時間的に余裕がある場合でも気が重く、苦痛にすらなります。

もともとの私はどちらかといえば引き伸ばし派で、夏休みの宿題を8月31日にやるようなタイプの子どもでした。しかし、そうして引き伸ばすことで溜まるストレスがあまりに苦しかったので、早く肩の荷を下ろすためにやらなければいけない仕事にはすぐに対応する方針に転じたのです。

やらなければいけないことが複数あるなら、自分の目に付く場所に「やることリスト」

を書いておき、終わったものからチェックを入れるといいです。その印が増えるのを見ていくだけで気分が晴れやかになります。

プラスして、「デッドライン方式」もあります。締め切りを死守するやり方です。追い込まれてやるパワーというものもあります。「締め切りは死ぬ気で守る！」という意志で、課題や仕事を乗り切るのもありです。

喫茶店やファミレスで、集中できる環境を買う

アウトプットを速めるためには、時間を意識しながら喫茶店やファミレスで集中して、課題や仕事に取りかかるのもいいでしょう。

ファミレスには、それほど長居はできません。そこに勉強道具や仕事道具を持ち込んで、そこにいられる2時間なら2時間なりで、絶対に終わらせる気持ちで取り組むのです。

私はこれを若いころ、よく深夜営業のファミレスでやっていました。当時はまだ子どもが小さかったので自宅で仕事は難しかったのですが、子どもが寝た後に2時間だけと決めてファミレスに行き、他のお客さんの邪魔にならないように隅っこのカウンター席で仕事をしていたのです。この自分自身で制限時間を設けての「ファミレス集中法」は、驚くほ

どはかどりました。

喫茶店やファミレスの場合、長居したとしても2時間程度が限度でしょうから、その2時間を自分に許されたタイムリミット、圧力としてうまく利用しましょう。その店を出たら、もうやらないと決めておくことも大事です。そうしないと結局ダラダラとやる羽目になり、あまり意味がなくなってしまいます。

現代のビジネスを考えますと、わざわざ会社まで行かずとも、ノートパソコンやスマホさえあればできるような仕事が増えています。スマホで検索を重ねれば、おおまかなことは調べがつきますし、資料や文書作成もスマホ1台あればできます。大きな会社で取締役として働いている私の友人も、最近はスマホがあればどこでも仕事ができるので、海外出張が非常に身軽になったと言っていました。

そのぶん、家でもオフィスでもない、**集中するための場所が確保できるなら、そのためにお金を払う価値は十分にあります。**

私は『15分あれば喫茶店に入りなさい。』(幻冬舎)という本まで出しているのですが、これを書いたのも、たとえ15分であっても喫茶店に入り、数百円のコーヒー代を惜しまずに集中する時間を買うことには、大きな価値があると考えたからです。

メールの文章に凝る必要はない

現代のビジネスはスマホでほとんど完結すると話しましたが、特にメールの返信などは、大半がスマホを使えば、移動時間の間にできてしまいます。

私も返信しなければいけないメールが、一日に平均10通から20通はあります。大学という組織には、教員である私が「了解しました」と言わないことには、事務の人が立ち往生してしまうような業務がたくさんあるのです。

そうしたメールに対して、私は移動時間、あるいはカフェに入って、ひたすら「了解しました」と返信するメールをまとめて打つようにしています。短い時間にまとめて返信する癖が付けば、メールにかける時間はかなり短縮できます。

メールの用件で大事なのは結局のところイエスかノー、つまり結論なのであって、ここで文章に凝るのはあまりよいことではありません。

たとえばある仕事についてスケジュールの再調整が必要なら、そこで細かい議論をしたところであまり意味はなく、自分が再調整にイエスなのか、ノーなのか、簡潔にわかりやすく伝えるほうが相手にも親切です。

また用件が複数にまたがっていたり、ある程度複雑な内容であるなら、こちらの用件は箇条書きにするなどして、少しでもわかりやすくして送るのが良いでしょう。私自身、「時間は何時です」「期限は何日です」と箇条書きで書いてくれているメールをもらうと、いつもありがたいなと思いながら読んでいます。

実際にほとんどの用件は、こうした簡潔なメールのやり取りだけで意思疎通も確認も十分できるものなので、私はどのような仕事をする場合も基本的に事前の打ち合わせはしません。打ち合わせで相談するような内容はすべてメールで済ませておき、顔を合わせた時点ではいきなり本題に入れるようにします。

これは言ってみれば外科医の気分かもしれません。外科医は目の前の患者の血管が切れて血が噴き出ているなら、息つく暇もなく縫合しなければいけません。そういう外科医的なイメージで仕事をしているわけです。

SNSの問題点は、時間の浪費ではなく「意識の切断」

スマホでメールをする話をしましたが、スマホの用途にも色々あります。

知的生活という意味では、「青空文庫」のアプリをインストールして、近代日本の文豪の作品を片っ端から読んでいくような使い方もあります。使い方しだいで良いものにも悪いものになるのは、スマホも、テレビをはじめとする旧世代のツールも同じです。

スマホに関して、私があまり生産的でないと感じているのは、SNSとして括(くく)られる中でも、身近な人とのおしゃべりを主目的に設計されているLINEです。学生たちの様子を見ていても、LINEのグループにいくつも入っているせいで、そこで交わされる日常的なメッセージへの返信に時間を空費してしまい、他の肝心なことへの集中がしにくくなっている人がいるように感じます。

私自身、スマホユーザーではありますが、LINEのようなタイプのSNSはやりません。多くの人が使っているツールを使わないことで、不都合はないのかとよく聞かれますが、一切やらないことで、むしろたいへんな恩恵をこうむっていると感じています。

私は**LINEの問題は、メッセージのやり取りに費やす時間の絶対量以上に、メッセージがこちらの都合に関係なく着信することで、意識を途切れさせてしまう点にある**と思っています。

友達とおしゃべりをすることが、悪いわけではもちろんありません。ただ、同じおしゃべりをするにしても、喫茶店や居酒屋で相手と向かい合うのと、仕事や勉強中に着信した

LINEメッセージに気を取られ、手を休めて返信するのとでは、まったく意味が違います。

たとえるなら、高速道路で目的地まで行かなければいけないのに、その間に何十回も停車を強いられるようなものです。そんなに停車を繰り返していたら、もはや高速道路を走っている意味はなくなります。そうした不本意な停車を繰り返している人と、時速100キロを維持できている人とでは、生産性に差が出るのは火を見るより明らかです。

時速100キロの状態、集中モードを維持して自分の作業を途切れさせないようにするには、せめて集中したい1時間程度の時間は、スマホをカバンの中にしまって、音も鳴らないようにしておくべきでしょう。

私もビジネスメールは大量に届きますが、先ほど話したように、すぐに返信しようという意識は持たず、まとめて返信しています。ビジネスメールの返事が1時間遅れることで、致命的になるようなケースはほとんどありません。

何かに集中したいときは、そうやってスマホには大人しくしてもらい、その間に届いた連絡は、終わったところで一気に対応するようにしています。

LINEの場合、「既読」が付くから早く返信しなければ、と思う人も多いようですが、カバンにしまっている1時間の間に来たメッセージは、そもそも見ないので「既読」も付きません。友達付き合いの連絡でほんの1時間も待てないということはないでしょうし、1時間も待てないような関係は友達とはいえないでしょう。

もし1時間も放せないくらい、自分がスマホに依存している可能性を感じるなら、自分が1週間の間にスマホの画面をどのくらい見ていたか、スマホの機能を使って可視化するといいでしょう。毎日体重を測ることがダイエットのモチベーションを持続させるのと同じで、スマホに関しても自分の向き合い方を客観的に知ることが依存症の抑止力になります。

リズミカルな運動が集中力を引き起こす

集中力を得るには、体を動かすという方法もあります。

仕事で行き詰まったり、簡単に決断できないような難しい事案に直面したりしているときは、まず散歩に行く、という人がいます。散歩に出て歩いていると、なぜか考えが整理されて決断しやすくなる、というのです。

ソフトウェア会社「サイボウズ」の社長である青野慶久（あおのよしひさ）さんもそういうタイプのようで、仕事で難しい決断をしなければいけないときには、日本橋にあるサイボウズ本社から歩いて海のほうまで行き、帰ってくるまでに考えをまとめる、と私が仕事でご一緒したときに話されていました。帰ってきたときには決まって、頭がスッキリしているそうです。

私が市民大学の講師をやっていたときに、生徒として参加していた70歳くらいの男性も、何か迷いがあるときには、「とにかく公園を大股でぐんぐん歩くんだ」と言っていました。

それは私もよくわかります。迷っているときに部屋にいると、さらに鬱屈してきてしまうだけですが、家を出て、外の空気を吸いながら歩き回っていると、不思議と頭が整理されていきます。家に帰ったときには、人間関係にしても、仕事上の課題にしても、色々なことが家にいたときよりも大した問題ではないように感じられ、迷っていたことについても結論が出ていることがよくあります。

散歩以外にも、エアロバイクを漕ぐ、潜水するといった**単純な運動は、思考を集中させるのに役立ちます。**私は20代のころからときどきプールで潜水をするようにしているのですが、このプールの底に潜って泳いでいると、海の底にいるような感じがして、不思議と集中ができ、本のアイデアなども浮かんできます。無心になる感触が得られるので、私はこれを禅スイミングと呼んでいます。

私はテニスも好きで定期的にやるのですが、テニスのほうはアドレナリンが出る感じがします。一方、エアロバイクや潜水、散歩のようなシンプルで規則正しい運動は、セロトニンがうまく作用して、気持ちを落ち着かせてくれる感じがします。

セロトニンは集中力に密接に関係する脳内の神経伝達物質ですが、これはリズミカルな運動をすることで分泌（ぶんぴつ）されやすくなるとされています。イライラしているときに人が無意識のうちに貧乏ゆすりをするのも、貧乏ゆすりのリズムミカルな動きでセロトニンの分泌をうながしているのだと考えられています。

3日坊主ではなく、2週間坊主になろう

さて、本書も残りわずかになりました。後半部分では、クリエイティブに生きていくために勇気を持ってアウトプットすること、またアウトプットを効率的に行うための方法についてアドバイスしてきました。

ただ、たとえば「今日から読書していこう！」と思い立ったのに、それが長続きしなかったとしても、自分の意志の弱さに落ち込む必要はありません。

むしろ、「3日坊主（ぼうず）をたくさんやる」くらいでいいように思います。私自身もこれまで色々なことに手を出した結果、続かなかったこともたくさんあるのでわかりますが、続か

ないことを無理して続けることはできません。

とはいえ、「3日坊主」といっても言葉通り3日で挫折してしまうと、少し物足りなさはありますので、**「2週間坊主」くらいを目指すのがベスト**ではないでしょうか。

たいていのことは、2週間ならモチベーションを保つことはできますし、2週間という短い期間でも、本当に一所懸命に取り組んでみると、感触のようなものはつかめます。

私はかつて尺八（しゃくはち）演奏家の藤原道山（ふじわらどうざん）さんと一緒に、『イキイキ 新・呼吸入門』という呼吸法を学ぶためのCDをつくったことがあります。CDを聴いた人に藤原さんの尺八の音を合わせて呼吸をしてもらうことで、意識と体が安定し、心地よい気持ちへと導かれる感覚を体感してもらうというなかなか画期的なものでした。

私はもともと道山さんの音楽が好きで、尺八に対しても、呼吸法を体現する楽器としてあこがれていました。ただ尺八は音を出すだけでもかなり難しい楽器で、専門的な練習を積まなければ吹けるようにはなりません。そこで道山さんに、「初心者が練習するのによい尺八はありますか？」と尋ねてみたところ、道山さんは親切にも、初心者でもコツをつかみやすい尺八を送ってくれたのです。

これが実をいうと、2週間坊主で終わったものの一つだったのですが、それでも2週間は頑張って練習を続けたことで、なんとか音だけは出るようになりました。曲を吹くことまではできないまでも、尺八を指で押さえながら息を吹き込むことで、あの「ふわーん」という独特の音は楽しめるようになったのです。私はこれができるようになっただけでも、尺八の2週間坊主には意味があったと考えています。

一般的に見ても、「2週間」という期間は、人のモチベーションを保証できるギリギリのラインなのではないでしょうか。何か新しいことに挑戦するにあたって、挑戦を始めたときの気持ちの高まりが1カ月後に続いているかどうかは、自分でもわかりませんが、これが2週間後なら、そのときの自分がどういう気持ちで、どの程度やる気が残っているか、なんとなく想像できます。

また、2週間あるとそれなりの反復練習をする時間もありますので、最低でも一つの技術くらいは身につきます。私は空手の型を習っていたこともあるのですが、これも2週間ずっと一つの型をやったことで、一通りの動きは身につけることができました。

そして2週間続けて苦にならないのであれば、本人が「継続力」を奮い立たせなくとも自然と続けられる可能性が高いということでもあり、それが本人に向いているかどうかを判断できるちょうどいい分かれ目であると言えます。3日では向いているも向いていないもよくわからないけれど、2週間やってみて続くならその後も続くし、2週間を超えてやれそうな気がしないのであれば、もはやそれまでと割り切る。それくらいの考え方でいいのではないでしょうか。

そもそも**「絶対に続けなければいけない」というスタンスは、生き方としてあまりに窮屈だし、ほとんどのものは続かないのだというくらいの心持ちで構いません。**

私は読書ですら、そういうものだと思っています。本も、最後まで読むことを目標にすると、次の本が読めなくなってしまいます。だからある本を読もうとして挫折したのであれば、今は自分にとって適切な出会いのタイミングではなかったのだと考え、次の本に進む。それくらいの気楽な心持ちでいいのだと思います。

おわりに

「知性のある道」と「知性のない道」、どちらを歩むか

本書の「はじめに」の冒頭で、私が大学一年生に向けた最初の授業でする、こんな質問を掲載しました。

〈みなさんの前には二つの分かれ道があります。一つは知性のある道、もう一つは知性とは無縁の道。どちらを行きますか?〉

実際はこの後、「大学に入ったからには、こちら（知性の道）しかないでしょう」と誘導し、「知性の道を進むなら、デカルトは知らないといけないよね? デカルトの『方法序説』は文庫で130ページほどの薄い本だから、読んでみましょう」などと話を進めています。そうするのも結局、**知性こそがこの世を、人生を面白くしてくれるものだ**と確信し

ているからです。

人が生きていくのに大切なものには、お金もあります。これは知性がなくても稼ぎ出すことはできるでしょう。先に述べた二つの道のうち、知性がない道に進んでも、幸福になれるチャンスは多いのかもしれません。

しかし、たとえそうであろうと、自分は知性のある道を歩くのだと決めてしまえば、そこからは金銭的価値とは別の幸福が待っています。

知性のある人にとって、この世は自分の好奇心を刺激してくれるものに満ちあふれています。ここにも、あそこにも刺激がある。なんてこの世は楽しいんだ、と世界が輝いて見えてくるものなのです。

1冊の本を読む前と後で、自分が変化する感覚

知性を持つことの幸せの一つは、自分が日々成長しているのだと実感できることです。

たとえば1本の映画を観る前後でも自分が少し違っていることが実感できます。

最近ではLGBTQを描いた映画が増えており、私もそのうちの何本かを観ましたが、これらを観る前と後では自分自身の感覚が変容しているのを感じました。もしかしたら以

前はゲイなど性的マイノリティの人たちに対する受け入れがたさを感じていたかもしれない意識が、映画を観たことで変わり、ＬＧＢＴＱへの違和感がなくなっているのを実感するのです。映画にかぎらず教養というものにはそういう力があります。

たとえば谷崎潤一郎の『陰影礼賛』を一度でも読んだ人は、「陰」というものへの意識がそれまでとまったく違ったものになるでしょう。

あるいは羊羹（ようかん）を食べるたびに、この本で谷崎が〈日の光りを吸い取って〉〈暗黒が一箇の甘い塊になって〉と、この食べ物に含まれる陰の艶（なまめ）かしさを描写していたことを思い出す人もいるかもしれません。

羊羹については漱石も『草枕』で、〈あの肌合（はだあい）が滑らかに、緻密に、しかも半透明に光線を受ける具合は、どう見ても一個の美術品だ。ことに青味を帯びた煉上（ねりあ）げ方は、玉と蠟石（ろうせき）の雑種のようで、はなはだ見て心持ちがいい〉と称賛しています。

私はこの2冊を読んだことで、この菓子を二人の文豪との連想抜きに食べることができなくなりました。そうした感覚の変容、ビフォーアフターを実感してほしいのです。

世界の広さを知る知性が、心まで強くしてくれる

本書を読み終えた人は、そうした世界のあちこちに散らばっている知的な刺激のうち、自分が何で向上する感覚を抱けるかについて、リストをつくってみることをおすすめします。そうやって並べてみると、「自分に知的な刺激をくれるものは世の中にこんなにあったのか」と実感でき、さらにワクワクしてくると思います。そうなればもう、一つの悩みごとで頭がいっぱいになり、何もできないということは少しずつなくなっていくはずです。

恋愛でうまくいかない時期、学業がうまくいかない時期、仕事で認められない時期があるとしても、だからといってそれで世界がなくなってしまうわけではありません。

その問題は依然としてあるにせよ、**世界には常に素晴らしい別の選択肢があり、知性を持つことによって、その選択肢との接点を持つことはできる。**そのように世界に対する多面的な興味を持つことで、自分の悩みごとが小さく感じられるようになってほしいと思っています。

知性を持つことで、ちょっとやそっとでは崩れない強い精神力を手に入れてほしいのです。知的な蓄積を増し、経験を積めば積むほど、人の心は強くなります。

もしあなたが今20歳ならば、今の自分は人生でいちばんメンタルが弱い時期だというくらいのつもりで、これからの長い知的な冒険に乗り出してください。

あるいは20歳から今にいたる人生に後悔があったとしても、生活は続きます。学ぶ喜びを味わうのに、遅いということはありません。今からでも生活に知的な刺激を取り入れ、自己向上感に満ちた充実した人生を歩んでください。

最後に、今この文章を書いている2022年3月現在、ロシアによるウクライナ侵攻（侵略）が激化しています。これは戦争というより、大量虐殺です。最も知性と教養に欠けた蛮行です。

日本がこれからどうするべきなのか、本当の強い知性と教養が試される時代が来たと感じます。総合的な知性を結集して、世界的な危機を乗り越えていきたいと強く思います。

2022年3月

齋藤 孝

著者略歴

齋藤 孝（さいとう・たかし）

1960年、静岡県生まれ。明治大学文学部教授。東京大学法学部卒業後、同大学院教育学研究科博士課程等を経て、現職。専門は教育学、身体論、コミュニケーション論。
『身体感覚を取り戻す』（NHK出版）で新潮学芸賞。日本語ブームをつくった『声に出して読みたい日本語』（草思社）で毎日出版文化賞特別賞。ほかの著書に、小社刊『大人の語彙力ノート』『読書する人だけがたどり着ける場所』『書ける人だけが手にするもの』など多数。NHK Eテレ「にほんごであそぼ」総合指導。

SB新書　578

20歳の自分に伝えたい 知的生活のすゝめ

2022年 4月15日　初版第1刷発行

著　者　齋藤 孝

発行者　小川 淳
発行所　SBクリエイティブ株式会社
〒106-0032　東京都港区六本木2-4-5
電話：03-5549-1201（営業部）

装　幀　杉山健太郎
装　画　羽賀翔一／コルク
本文デザイン・組　版　米山雄基
編集協力　古川琢也
校　正　有限会社ペーパーハウス
印刷・製本　大日本印刷株式会社

本書をお読みになったご意見・ご感想を下記URL、
または左記QRコードよりお寄せください。
https://isbn2.sbcr.jp/15116/

ISBN 978-4-8156-1511-6

SB新書

書く力は、自分を知る力

書ける人だけが手にするもの

齋藤 孝

本だけが私たちに与えてくれるもの

読書する人だけがたどり着ける場所

齋藤 孝

AI（人工知能）にも負けない知性を養う！

知性の磨き方

齋藤 孝

池上彰が本気で問う。学び続ける理由

なんのために学ぶのか

池上 彰

現代の「知の巨人」が教える学びの価値

人間にとって教養とはなにか

橋爪大三郎